SCHREIB DEIN BUCH MIT KI!

SCHNELLER SCHREIBEN MIT CHATGPT UND DEEPL

INKE JOCHIMS

2. Auflage (unverändert, neuer Satz) 2025

© 2025 by Inke Jochims

Autorin: Inke Jochims, www.inke-jochims.de, jochims-buecher.de

Satz: Inke Jochims mit Atticus.

Verlag: BoD · Books on Demand GmbH, In de Tarpen 42,

22848 Norderstedt, bod@bod.de

Druck: Libri Plureos GmbH, Friedensallee 273, 22763 Hamburg

ISBN: 978-3-7693-6804-8

BILDNACHWEIS

Alle Fotos sind von der Webseite www.pixabay.com. Die jeweiligen Autoren haben Sie kostenfrei zur kommerziellen Nutzung freigegeben. Wir bedanken uns herzlich! Die Folien wurden ohne Ausnahme von Inke Jochims erstellt.

DISCLAIMER

In diesem Buch werden psychologische Ratschläge gegeben. Alle Ideen, Konzepte und Verfahren wurden sorgfältig geprüft. Dennoch weisen wir ausdrücklich darauf hin, dass dieses Buch keine medizinische oder psychologische Therapie ersetzt und dies auch nicht beabsichtigt. Die Umsetzung der Ideen aus diesem Buch erfolgt auf eigene Verantwortung.

INHALTSVERZEICHNIS

Du wirst nicht durch KI ersetzt.

Du wirst durch jemanden ersetzt, der KI kann.

KI IM SCHREIBPROZESS

Vor nicht allzu langer Zeit saßen wir, mein Mann und ich, bei der Nichte meines Mannes beim Frühstück, gemeinsam mit ihren Eltern. Das Gespräch kam auf das Thema Schreiben von Büchern und Berichten. Wir älteren Semester begannen, Geschichten zu erzählen und berichteten von unseren Erfahrungen mit Schreibmaschinen, die wir einst benutzt hatten, um unsere Diplomarbeiten zu verfassen.

Wir erzählten, wie wir früher minutenlang Tipp-Ex genau auf einen Buchstaben platzierten und dann Buchstabe für Buchstabe den Fehler korrigierten. Wir diskutierten die Rolle von Literaturagenten und die Dauer des Schreibprozesses, der bei Büchern in der Regel vier Jahre dauerte – vom ersten Konzept bis zur Veröffentlichung. Der Moment, in dem man "sein" Buch in der Hand hielt und erkannte, dass man ab sofort zu den Intellektuellen gehörte, war unbeschreiblich. Ein Buch geschrieben zu haben, war eine Auszeichnung.

Die 30-jährige Nichte sah schelmisch in Richtung ihres Vaters und kommentierte: "Das sind ja wohl Oma- und Opa-Probleme."

Ich tat so, als wäre ich nur ein bisschen geknickt.

Aber sie hatte Recht. Als ich mein erstes Buch schrieb, gab es noch Schreibmaschinen. Ich habe das 10-Finger-Blindschreiben gelernt und benutze es bis heute. Das ist ein großer Vorteil, den ich jedem Autor nur empfehlen kann, der auch in Zeiten von "Sprich Dein Buch" und KI langfristig im Geschäft bleiben will.

Dann kamen die ersten Computer. Sie arbeiteten mit *Disketten*.

Kurz nach den Computern kam das Internet. Das war fantastisch, weil man plötzlich so schnell recherchieren konnte. Die Zeit, ein Buch zu schreiben, verkürzte sich auf ein bis zwei Jahre.

Aber Bücher waren immer sehr zeitaufwendig und damit teuer, sehr teuer und in der Regel unrentabel. Eine große Hürde war immer noch der Druck, es ging nicht ohne Auflagen von mindestens 1000 Stück. Das ist eine Menge Altpapier, wenn sich ein Buch nicht verkauft.

Der Kindle kam 2007 auf den Markt und mit ihm das E-Book. Das E-Book war eine stille, aber intensive Revolution.

Und plötzlich war Drucken kein Problem mehr. Der Motor für billiges Drucken war die Print-on-Demand-Technologie. Plötzlich mussten keine Auflagen mehr im Voraus gedruckt werden, sondern nur noch Dateien hochgeladen werden. Es gab Self-Publishing-Websites wie die, auf der dieses Buch erschienen ist, die mit Print-on-Demand arbeiten. Gedruckt wird nur, was nachgefragt wird.

Aber es gab noch zwei weitere kostspielige Hürden. Das Lektorat und die Umschlaggestaltung. Auch der Satz kostete noch viel Geld. Geld, das das Buch erst einmal verdienen musste. Das Risiko war und blieb hoch und das Buch ein entsprechend elitäres Produkt.

Im Herbst 2022 entdeckte ich Deepl.com. Ich werde in diesem Buch ein Kapitel über die Arbeit mit Deepl Write schreiben. Keine Rechtschreiblektoren mehr. Die Bezahlung für die Korrektur von Rechtschreibfehlern wurde plötzlich eingestellt. Das Editieren dauerte nur noch Bruchteile der zuvor benötigten Zeit.

Dann kamen die Satzprogramme, wie Atticus, mit dem dieses Buch gesetzt wurde. Man bezahlte keinen Setzer mehr. Grafikprogramme für die Umschlaggestaltung, Templates für diejenigen, die keine Ahnung von Design haben.

Ein Buch ist kein elitäres Produkt mehr.

• • • ● ● ● ● ● • •

Es scheint ein Jahrhundert her zu sein, aber im Januar 2023 zog mich mein Mann an seinen Computer. "Schau dir mal ChatGPT an", sagte er.

"Nein", antwortete ich bestimmt. "Das halte ich für überflüssig."

Aber damals hielt ich einen Vortrag, und mein Mann sagte: "Ich zeig Dir mal was." Er gab das Vortragsthema ein und ChatGPT spuckte in Sekunden eine erheblich bessere Zusammenfassung aus, als ich sie geleistet hatte.

Ich tat so, als wäre ich nur ein bisschen geknickt.

• • • ● • ● ● • •

Der Elefant im Raum

Es gibt verschiedene Motive, ein Buch zu schreiben. Ob man nun ein professioneller Autor ist oder jemand, der ein oder zwei Bücher schreiben möchte, um sich in seinem Geschäftsfeld zu positionieren – KI kann allen helfen. KI hat den Schreib- und Veröffentlichungsprozess für Sachbücher – und um diese wird es in diesem Buch gehen in vielen Fällen auf 2-4 Wochen verkürzt.

Mit KI wird derzeit auch viel geworben. Daher möchte ich mit dem Elefanten im Raum beginnen und klarstellen, was dieses Buch NICHT verspricht, was es NICHT tun wird und was man auch mit KI NICHT tun sollte.

Dieses Buch verspricht nicht, dass KI Dein Buch für Dich schreibt. Ich sage nicht, dass man keine Kompetenzen braucht und die Leistung quasi automatisch erbringen lassen kann. Es gibt Betrüger, die das vorschlagen. Und das ist auch möglich. Man kann ChatGPT einfach irgendwas ausspucken lassen und es zwischen zwei Buchdeckel pressen. Und das ist genau das, was es ist: Betrug am Käufer.

Das ruiniert langfristig Dein Renommee. Wer sich wirklich mit einem Buch positionieren, wer wirklich mit einem Buch ein Business aufbauen, wer wirklich seine Mission verwirklichen möchte, sollte das nicht tun. Ich bin mir sicher, dass Leser nicht dumm sind und sich an Betrug erinnern.

· · · ● · ● · ● · ·

Überdies wird es zunehmend verboten oder anderweitig eingeschränkt. Wenn es KI-generierter Inhalt ist, dann wird Amazon das erkennen und kennzeichnen. Amazon wird nicht für Dich tun, was willst.

Die VG Wort verlangt eine Unterschrift, dass das Buch zwar von KI unterstützt, aber nicht von KI generiert wurde.

Google möchte nicht, dass sinnlose Blogposts von der KI geschrieben werden. Entsprechende Webseiten werden im Ranking abgestraft. YouTube geht verstärkt gegen KI-generierte Videos vor. Es gibt KI-Detektoren, die Chat-Blogs von menschlichen Blogs unterscheiden können.

Was ich Dir also nicht beibringen werde, ist, eine Reihe von Befehlen einzugeben oder eine kleine Anzahl von Fragen zu beantworten, damit die KI ein Buch für Dich ausspuckt. Das ist nicht das, was wir heute tun.

Ich werde über den ethischen Einsatz von KI sprechen, um Dein Buch zu schreiben, nicht irgendeinen Müll, den Amazon hasst, sondern Dein Buch. Dann werde ich darüber sprechen, wie Dein Buch mit Hilfe von KI tatsächlich in kürzerer Zeit als je zuvor fertiggestellt werden kann.

Aber eines gilt und bleibt: Du bist und bleibst der Autor.

Du bist derjenige, der das Wissen hat. Du nutzt KI, um Deine Schreibfähigkeiten, Dein Wissen und Deine Expertise zu erweitern. So kannst Du den gesamten Prozess beschleunigen und Dein Schreiben verbessern.

Ich zeige dir, wie Du das mit Deiner authentischen Stimme machst. Aber ich möchte noch einmal darauf hinweisen: Hier geht es nicht darum, dass die KI das Buch für Dich schreibt und Du Dein eigenes Buch lesen musst, um herauszufinden, was darin steht.

Ich diskutiere keine Schreibprogramme, keine teure Software, die angeblich Dein Buch in kürzester Zeit schreibt. Ich werde zwei Hilfsmittel vorstellen: ChatGPT und Deepl.com.

Ich werde auch darüber sprechen, welche Grenzen gesetzt werden sollten, damit die KI als Werkzeug und nicht als Ersatz für die kreative Arbeit des Autors genutzt wird. Das wichtigste Mittel werden die richtigen Fragen und die richtigen Prompts sein, ein strukturiertes Vorgehen, bei dem KI Deine Phantasie anregt, aber nicht erdrückt.

Zeit und Kompetenz

Kommen wir also zu dem, was wir faktisch tun werden.

Viele Menschen, die eigentlich gern ein Buch schreiben würden, verzögern dies häufig jahrelang. Die wichtigsten Argumente sind: Erstens, ich habe keine Zeit und zweitens, ich weiß nicht, wie man ein Buch schreibt.

Beide Ängste stammen noch aus einer Zeit, als man Tipp-Ex benutzen musste und Bücher daher wirklich viel, viel schwieriger zu schreiben waren als sie es heute sind. Wir haben heute noch das Gefühl, dass etwas, was einmal niedergeschrieben ist und gedruckt wurde, für die Ewigkeit ist.

Ein schlechtes Buch zu schreiben oder eines, das sich nicht verkauft, war damals ein enorm hohes Risiko. Schließlich war die Produktion von Büchern sehr langfristig und sehr teuer. Das wichtigste Nadelöhr waren die Buchhändler. Wer nicht bestellt wurde, hatte keine Chance.

Das ist heute völlig anders. Autoren können (und wenn sie langfristig auf dem Markt bleiben wollen, müssen sie das auch) sich über Social Media, YouTube, Instagram, TikTok, Facebook usw. eine Leserschaft aufbauen. Auch hier kann KI helfen, aber das ist nicht Thema dieses Buches.

• • • ● • ● • • •

Wer ein Buch schreibt, das sich nicht verkauft und es selbst publiziert hat, hat immer noch ein Buch, das bei Amazon gefunden wird und eventuell teure Anzeigen ersetzt.

Ein schlecht verkauftes Buch ist immer noch eine gute Werbung für den Autor. Es ist, wie gesagt, nicht länger so, dass nur jemand etwas wird, den auch die Buchläden bestellen. Diese Zeiten sind vorbei.

Eine weitere Angst vieler potentieller Autoren ist die Angst vor Amazon-Rezensionen. Die Angst vor der Amazon-Rezension ist berechtigt. Es gibt Trolle. Es gibt Menschen, denen es Freude macht, einem Buch (wie mir mehr als einmal geschehen) mit elf Fünf-Sterne-Rezis eine zwölfte mit einem Stern hinzuzufügen, was die Gesamtbewertung sofort drückt. Es gibt Menschen, die ein Buch nicht lesen, nicht nutzen und dann auf Amazon schreiben, das Buch wäre so schlecht, sie hätten es im Altpapier versenkt.

• • • ● • ● • • •

Es gibt nicht viel, was man dagegen tun kann. Man muss einfach Freunde bitten, eine Rezension zu verfassen, und dann auch selbst eine Rezension für Freunde verfassen. Allerdings, auch hier der Hinweis, Amazon kontrolliert zunehmend, mit Hilfe von Technologie und auch mit menschlichen Ermittlern.

Die giftige Amazon-Rezi ist die Macht des Neiders und Bücher mit vielen guten Rezis sind beliebte Zielscheiben. Alles was man tun kann ist es hinzunehmen und sich nicht beeindrucken zu lassen. Sich auf die positiven Rezis zu konzentrieren. Kein Grund, kein Buch zu schreiben. Wenn sie gut sind, werden sie trotzdem gekauft. Menschen sprechen mit anderen Menschen über das, was ihnen geholfen hat.

$$\bullet \enspace \bullet \enspace \bullet \enspace \bullet \enspace \bullet \enspace \bullet \enspace \bullet \enspace \bullet \enspace \bullet \enspace \bullet$$

In diesem Buch bekommst Du eine Anleitung, was in ein Buch gehört und was nicht. Und Du bekommst eine Anleitung, wie Du beim Schreiben eines Buches viel Zeit sparen kannst. Bücher sind nicht mehr für die Ewigkeit und im Gegensatz zu früher kann man sehr leicht ein zweites oder drittes Buch schreiben. Der zeitliche und finanzielle Aufwand für ein Buch ist enorm gesunken, das Risiko folglich auch.

Man muss nicht mehr alles, was man zu einem Thema sagen will, in ein Buch pressen, aus Angst, dass kein Verlag mehr ein zweites nimmt. Heute kann man ganz entspannt ein gutes Buch schreiben und dann noch eins und noch eins.

KI kann Dir als Autor:in einen enormen Vorteil verschaffen. Ich möchte Dir zeigen, wie der Einsatz von KI Autoren helfen kann, effizienter zu arbeiten und sich von der Konkurrenz abzuheben.

• • • ● • ● • • •

Was KI ist und was es kann

Bevor Du Dich der Frage zuwendest, wie KI Dir beim Schreiben eines Buches helfen kann, möchte ich kurz erläutern, was KI überhaupt kann. Im Grunde handelt es sich um eine statistische Prognosemaschine. Lass uns mit etwas Bekanntem anfangen.

Was ist eine statistische Prognosemaschine, die Du jeden Tag benutzt? Die automatische Vervollständigung. Ob Du nun in Dein Telefon tippst oder zu Google gehst, Du fängst an, etwas einzutippen. Und was dann kommt, sind zehn Beispiele dafür, was Du als Nächstes sagen könntest.

Das ist also im Grunde das, was alle diese KIs sind, nur dass sie viel raffinierter sind. Anstatt Dir ein paar Optionen für das nächste richtige Wort zu geben, vervollständigen sie automatisch die gesamte Antwort auf Deine Frage, basierend auf dem statistisch wahrscheinlichsten nächsten Wort in dem Datensatz, auf den sie trainiert wurden, und das ist im Wesentlichen das gesamte Internet.

Was ist ChatGPT?

Das GPT in ChatGPT ist eine Abkürzung für "Generative Pre-trained Transformer". ChatGPT ist ein großes Sprachmodell. Es wurde mit einem riesigen Datenkorpus gefüttert und die Antworten, die es für Dich generiert, sind mathematisch.

ChatGPT versteht also nicht, was es Dir sagt. Es denkt nicht wirklich. Das ist die entscheidende Aussage für alles weitere. Was Chat macht, ist nicht denken, es ist nicht nachdenken. ChatGPT (oder die gesamte KI im Moment) geht von dem aus, was bereits in der Datenbank ist und was es aus dieser Datenbank heraussuchen kann.

Das ist natürlich eine grobe Vereinfachung, aber genau das macht ChatGPT. Es sucht aus einer riesigen Datenbank eine Antwort heraus, und zwar eine, *die wahrscheinlich ist*. Es hat keine Gefühle und keine Ahnung, ob das, was es antwortet, *richtig ist*.

ChatGPT gibt sehr intelligente Antworten, aber es versteht überhaupt nicht, was es sagt. Und es wird wirklich gefährlich, wenn man nicht versteht, dass es nicht nur Informationen sucht und abruft. Es versteht weder die Frage noch die Antwort. Es erfindet die Antwort!

Es sagt Dir nur, *wie die Antwort statistisch aussehen sollte.*

Und die Ergebnisse, die ChatGPT hervorbringt, die Antworten, die es gibt, sind einzigartig. Sie werden nirgendwo kopiert. Das Programm erfindet nach JEDER Eingabe einer Frage neue Antworten. Deshalb liefert kein Prompt immer exakt die gleichen Ergebnisse.

Wir nennen das künstliche Intelligenz, aber es ist keine KI im herkömmlichen Sinne oder wie man sie aus Science-Fiction-Filmen kennt. Es ist nicht das, was wir allgemeine künstliche Intelligenz nennen. Stattdessen handelt es sich um das, was wir als "schwache KI" oder "enge KI" bezeichnen.

Es handelt sich um künstliche Informationsverarbeitung, nicht um künstliche Intelligenz.

ChatGPT kann also Antworten geben, diese Antworten aber nicht auf Wahrheitsgehalt überprüfen. Es ist kein kompetenter Arzt oder Rechtsanwalt oder Autor oder Dozent.

Die KI, die wir heute kennen, kann etwas viel besser als der Mensch und das ist sehr schnell sehr viele Informationen oder "Ideen" zu produzieren. Auch Menschen suchen, wenn sie ihre Fähigkeiten abrufen, nach Erinnerungen in einer riesigen Datenbank, die sie ihr Gedächtnis nennen.

Aber die Fähigkeit des Gehirns, etwas im Arbeitsgedächtnis zu behalten, ist begrenzt. Wir können uns nicht zwanzig Ideen auf einmal merken. KI kann das. KI kann sehr schnell sehr viele Informationen abrufen.

Außerdem ist der Mensch ein biologisches Wesen und ermüdet. Das menschliche Gehirn ermüdet sehr schnell, wenn es hohe Leistungen erbringen muss. Je müder der Mensch, desto schlechter die kognitive Leistung. KI ist also ein Weg, unsere kostbare Ressource Leistungsfähigkeit optimal zu nutzen, nämlich für das, was nach wie vor nur der Mensch kann.

Denn der Mensch kann noch etwas, was die KI nicht kann, *nämlich eine Information bewerten.* Über eine Information nachzudenken und sie zu überprüfen. Ein gutes oder schlechtes Gefühl zu haben und sich davon konstruktiv leiten zu lassen.

· · · ● · ● ● · · ·

KI ist eine Maschine ohne Intuition. Intuition ist eine menschliche Eigenschaft. KI hat kein Bewusstsein, keinen Körper, keine Gefühle, kein Reflexionsvermögen und keine Seele. Man kann mit KI gute Bücher schreiben, oft bessere als vorher, wenn man KI konstruktiv einsetzt, das heißt, wenn man KI für das einsetzt, wofür sie gut ist.

Wofür ist sie gut? Schnell viele Ideen produzieren, schnell Strukturen analysieren, schnell erste Entwürfe schreiben.

Aber lauf weg, wenn Dir jemand sagt, KI könne ein Buch schreiben. Noch kann nur der Mensch prüfen, ob das Unsinn ist, was gesagt wird.

· · · ● · ● ● · · ·

Das mentale Modell, das ich hier vorschlage, ist, sich ChatGPT als einen unendlich fleißigen und ziemlich inkompetenten Assistenten vorzustellen. Es ist unendlich fleißig, es ist superschnell, es wird nie müde, es ist nicht beleidigt, wenn man sagt, das ist nicht gut, mach es nochmal.

Aber bitte ChatGPT nicht, etwas zu tun, wofür Du nicht qualifiziert bist. Du musst in der Lage sein, alles zu überprüfen, was ChatGPT ausspuckt, Du bist der Meister, ChatGPT ist der Diener. Faktencheck mit KI gibt es, aber nur, wenn Du in letzter Instanz sagen kannst, das stimmt, das stimmt nicht. Das ist gut, das ist schlecht.

Du kannst ChatGPT erste Entwürfe für ein Kapitel schreiben lassen und diese dann selbst bearbeiten. Du kannst ChatGPT zehn Vorschläge für etwas machen lassen und dann entscheiden, welche dieser zehn Vorschläge gut sind und welche nicht.

Du kannst Chat fragen, was gut in Dein Buch passt und was nicht. Das ist kein KI-generiertes Schreiben, sondern KI-unterstütztes Schreiben. Und das ist in Ordnung.

Aber am Ende bist Du immer noch der SEO, die verantwortliche Instanz. Das ist die Grenze zwischen KI-generiertem Schreiben und KI-unterstütztem Schreiben.

• • • ● • ● ● • •

Das Prompt

Was macht man, wenn man einen unermüdlichen, sehr fleißigen, aber nicht sehr kompetenten Assistenten hat? Man gibt sehr genaue, sehr präzise Anweisungen. So genau wie möglich. Diese Anweisungen werden Prompts genannt.

Der Prompt, also die Eingabe in die Chat-Zeile, ist das Herzstück der KI. Prompts zu entwickeln, die das ausgeben, was man will, ist keine leichte Aufgabe. Der Fachbegriff dafür ist "Prompt-Engineering". Diese Fähigkeit ist so wichtig, dass sie sehr, sehr gut bezahlt wird. Einstiegsgehälter liegen angeblich bei etwa 300.000 Euro im Jahr.

Nicht jeder möchte Prompt-Engineer werden, aber auch für Laien ist das Erstellen von Prompts eine Übungssache. Die Fähigkeit, eigene Prompts zu entwickeln und nicht nur abzuschreiben, ist eine Übungssache. Das kann man immer wieder üben und immer besser werden, aber nicht am ersten Tag. Deshalb sollte man jetzt damit anfangen.

KI ist nur so gut wie die Anweisungen, die man ihr gibt. Sie ist eine Fähigkeit. Man muss lernen, der KI die richtigen Fragen auf die richtige Weise zu stellen, die richtigen Anweisungen zu geben, um die gewünschten Ergebnisse zu erzielen. Je präziser die Fragen oder die Anweisungen sind, desto besser sind die Ergebnisse.

Ich werde in diesem Buch zu allen wichtigen Möglichkeiten, die ich anspreche, Prompts geben. Das soll aber nur eine Anregung sein, eigene

Prompts zu entwickeln. Am Ende des Buches findest Du eine Liste mit mehr als 50 Prompts zu allen angesprochenen Themen.

Diese kannst Du separat als Word-Datei und auch als PDF-Datei herunterladen, damit Du sie bequem in die Chat-Zeile von ChatGPT kopieren kannst. Den Link zu meiner Seite www.jochims-buecher.de, von der Du die Dateien herunterladen kannst, findest Du im Kapitel: "Die Liste der Prompts".

• • • ● • ● • • • •

Der Schatz der Zukunft, die handelbare Kostbarkeit, der entscheidende Vorteil im Beruf wird unter anderem die Fähigkeit sein, Prompts zu entwickeln, die die gewünschten Ergebnisse liefern. Prompts können sehr komplex sein, besonders wenn ChatGPT 4o verwendet wird. Man kann ganze Computerprogramme mit Prompts schreiben. Gute Prompts sind Geld wert.

Ich schlage vor, dass Du einen Ordner mit den Prompts anlegst, die Dir die gewünschten Ergebnisse gebracht haben. Prompts, die mehrfach verwendet werden, bringen nie zweimal die gleichen Ergebnisse, aber sie bringen ähnliche, also brauchbare Ergebnisse. Es ist hilfreich, wenn Du sie z.B. in Word oder ein anderes Programm kopierst und offline speicherst. Dann kannst Du sie für viele andere Bücher verwenden. Du musst nicht jedes Mal von vorne anfangen.

• • • ● • ● • • • •

Zusammenfassung

Der Text beschreibt die Entwicklung des Schreibens und Veröffentlichens von Büchern von traditionellen Methoden mit Schreibmaschinen bis hin zu modernen Techniken wie Self-Publishing und dem Einsatz von künstlicher Intelligenz (KI). Die Autorin blickt nostalgisch auf die Zeiten zurück, in denen der Schreibprozess langwierig und fehleranfällig war, und erklärt, wie neue Technologien wie das Internet, E-Books und Tools wie ChatGPT den Prozess revolutioniert haben.

Der Text betont die Bedeutung von Authentizität und Kompetenz im Schreibprozess trotz der Unterstützung durch KI. Es wird klargestellt, dass KI den Prozess erleichtern, aber nicht die kreative Arbeit des Autors ersetzen sollte. Es wird auch darauf hingewiesen, dass KI-generierte Inhalte überprüft und sinnvoll eingesetzt werden müssen, um qualitativ hochwertige und authentische Bücher zu schaffen.

BRAINSTORMING MIT KI

Kürzlich sah ich ein Interview mit einem Autor, der wie ich einige Bücher in der Zeit vor der KI geschrieben hat. Ein jüngerer Autor fragte ihn, wie er mit den neuen technologischen Möglichkeiten umgehe.

"Oh", antwortete er, "ich benutze heute KI und habe keine Schreibblockaden[1] mehr, keine Probleme mehr, mir etwas auszudenken. Selbst wenn mir nichts mehr einfällt, spiele ich mit der KI herum, und dann fällt mir etwas ein. Und jetzt ist mir klar geworden, wie viel Zeit ich früher damit verbracht habe, auf ein leeres Blatt Papier oder einen leeren Bildschirm zu starren, um herauszufinden, was ich eigentlich schreiben wollte".

Ich nickte zustimmend.

• • • • • • • • • •

Information und Transformation

Die Aufgabe eines Sachbuchs ist eine doppelte: Erstens soll es dem Leser Informationen bieten, die schwer zugänglich oder exklusiv sind, insbesondere in Zeiten von KI, Google und YouTube. Es kann auch eine neue und interessante Zusammenstellung bekannter Informationen sein.

Zweitens soll das Sachbuch einen Transformationsprozess unterstützen. Die Leser wollen sich verändern, ein Problem lösen oder sich anders fühlen.

Es besteht ein großer Unterschied zwischen der bloßen Anhäufung von Fakten (Information) und einer dauerhaften Verhaltensänderung (Transformation).

Menschen brauchen beides: Information und Transformation. Das eine ist nicht besser als das andere, aber sie haben unterschiedliche Funktionen. Wissen oder Information kommt zuerst; ohne Wissen gibt es keine Motivation zur Veränderung.

Ein Beispiel: Wer mit dem Rauchen aufhören will, muss zunächst wissen, dass Zigaretten schädlich sind. Auch wenn uns diese Aussage völlig banal erscheint, war dieses Wissen lange Zeit nicht allgemein bekannt. Noch in den siebziger Jahren des letzten Jahrhunderts empfahlen Ärzte Zigaretten zur Entspannung. Wissen bedeutet in diesem Fall, die medizinischen Fakten zu kennen, die belegen, warum Rauchen schädlich ist. Das ist Information.

Transformation hingegen bedeutet, den kognitiven und emotionalen Prozess zu verstehen, den ein überzeugter Raucher durchlaufen muss, um mit dem Rauchen aufzuhören. Dieser Prozess umfasst die Änderung der emotionalen Einstellung zum Rauchen, die Überwindung des unangenehmen Entzugsgefühls und das Erreichen eines positiven Ziels: Freiheit.

Wenn der Anblick einer Zigarette Gier auslöst und diese Gier zum Rauchen führt, kann nach einer Transformation der Anblick einer Zigarette Gleichgültigkeit auslösen, was zu einer Verhaltensänderung führt. Die Transformation erfolgt durch das Auslösen neuer Emotionen, die schließlich zu einer Verhaltensänderung führen.

• • • ● • ● • • •

Es gibt gesellschaftliche Situationen, in denen Sachbücher, die nur Wissen vermitteln, zu Bestsellern werden. Ein Beispiel dafür ist die Situation in den 90er Jahren in Bezug auf das Rauchen. Dies geschieht, weil die Gesellschaft "reif" für bestimmte Informationen ist, diese aber noch nicht in populärwissenschaftlicher Form vorliegen.

Ein anderes Beispiel ist die künstliche Intelligenz (KI). 2023 war ein Buch, das (zukünftigen) Autoren Informationen darüber gab, was man mit KI machen kann, neu und wichtig. 2024 wissen die meisten Leute, dass es KI gibt, dass es eine kostenlose Version von ChatGPT gibt und dass man damit schneller und auch besser schreiben kann.

Jetzt ist es wichtig zu verstehen, wie man strukturiert vorgeht und welche Prompts hilfreich sind, um das persönliche Ziel zu erreichen: ein eigenes Buch zu schreiben. Ebenso wichtig ist es, die falschen Hoffnungen zu erkennen, die von Betrügern geweckt werden.

Wissen allein ist notwendig, aber nicht ausreichend für eine wirkliche Transformation. Während Wissen mit Willen und Disziplin erworben werden kann, ist Transformation oft nicht so einfach zu erreichen. Weil Wissen und Transformation oft gleichgesetzt werden, scheitern viele Menschen an ihren Zielen.

Wissen funktioniert so: Man liest ein Buch oder hört einen Vortrag und hat neue Ideen. Wissen ist der erste Schritt zu einer langfristigen Verhaltensänderung, reicht aber in der Regel nicht aus. Es muss eine emotionale Veränderung stattfinden, damit das Verhalten langfristig geändert werden kann.

Die Fähigkeit, sich selbst zu verändern oder anderen dabei zu helfen, erfordert andere Ansätze als die reine Vermittlung von Faktenwissen. Wie gesagt, Veränderung erfordert neue emotionale Erfahrungen. Diese neuen Emotionen müssen gesünder sein als die vorherigen, um schließlich zu einer stabilen Verhaltensänderung zu führen.

• • • ● • ● • ● • •

Die Kompetenz eines Sachbuchautors besteht darin, erstens über gute und interessante Informationen zu verfügen und diese zweitens so aufzubereiten, dass sie beim Leser die gewünschten Emotionen auslösen und einen Transformationsprozess in Gang setzen. Die Informationen müssen strukturiert und durch Geschichten und/oder Handlungsimpulse unterstützt werden. Die Abfolge der einzelnen Kapitel sollte diese Erkenntnisse widerspiegeln.

KI kann dabei enorm helfen. Entscheidend ist, mit den richtigen Prompts das abzufragen, was man später nutzen möchte.

• • • ● • ● ● • • •

In vier Schritten zum Buch

Klarheit

Der erste Schritt ist Klarheit. Du musst wissen, an wen sich Dein Buch richtet und welches Problem Du für diese Person lösen möchtest. Sachbücher lösen, wie gesagt, Probleme, der Leser macht beim Lesen einen Transformationsprozess durch. Je klarer dieser Transformationsprozess dem Bedürfnis des Lesers entspricht, desto besser verkauft sich das Buch. Die Fähigkeit, sein Fachgebiet so gut zu kennen, dass man diesen Transformationsprozess anbieten kann, ist die Voraussetzung für den sinnvollen Einsatz von KI.

Die Kapitel "Meine Kompetenz", "Der Avatar" und "Das Angebot" ermöglichen Klarheit über den Inhalt des Buches.

• • • • • • • • • •

Inhalt

Der zweite Schritt ist der Inhalt. Der Transformationsprozess wird in Kapitel unterteilt und beschrieben. Der Leser erhält den Nutzen, den er mit dem Kauf des Buches angestrebt hat. Das Handwerk, die eigentliche Arbeit: Hier hilft Dir die künstliche Intelligenz, Deinen Entwurf zu überarbeiten und ein überzeugendes Manuskript zu verfassen, das Deine authentische Stimme wiedergibt.

Das Kapitel "Inhalt und Umsetzung" befasst sich mit dem Inhalt des Buches.

• • • • • • • • • •

Fertigstellung

Der dritte Schritt ist das Finishing. Hier verwende ich Deepl Write. Deepl ist ein wunderbares Werkzeug, aber auch hier geht es nicht ohne eine letzte Person, die den Text noch einmal liest. Diese Person kannst Du selbst sein. Denn mit Deepl kann man den Umfang des Lektorats, vor allem des Korrekturlesens, wirklich reduzieren. Und das in Echtzeit.

Das Kapitel "Fertigstellung" befasst sich mit diesem Prozess.

• • • • ● • ● • • •

Marketing

Der letzte Schritt ist die Vermarktung des fertigen Buches. In den sozialen Medien, mit Anzeigen (Ads), mit Webinaren... Es gibt zahlreiche Möglichkeiten und Tipps. Dieser Schritt ist aber nicht Teil dieses Buches, da er erstens nichts mehr mit der Erstellung des Buches zu tun hat und zweitens so umfangreich ist, dass man dafür ein eigenes Buch bräuchte.

Viele Marketinganbieter behaupten aber gerne, dass dies der wichtigste Schritt sei. Ich persönlich glaube das nicht.

Ich erinnere mich an ein Radiointerview, in dem Tommy Rosen, ein weltbekannter Suchtexperte, Jack Canfield interviewte. Jack Canfield hat im letzten Jahrtausend als armer Lehrer nachts ein Buch geschrieben (mit der Schreibmaschine) und es hieß: "Hühnersuppe für die Seele". Damit wurde er Multimillionär.

• • • ● • ● ● • • •

Tommy Rosen fragte also Jack Canfield auf Englisch mit seiner charakteristischen Reibeisenstimme, wie man ein Buch richtig auf dem Markt platziert.

Wie macht man einen richtig guten Book-Launch? wollte Tommy Rosen wissen.

Jack Canfield antwortete in seiner staubtrockenen Art: "Schreibe zuerst ein gutes Buch".

In diesem Buch werde ich mich daher auf die ersten drei Schritte konzentrieren.

• • • ● • ● • • •

Der Rahmen

Um den Inhalt des Fachbuches klar zu strukturieren, braucht man also einen Rahmen. Man durchläuft einen Klärungsprozess. Der Prozess, den ich hier vorschlage, besteht aus drei Schritten. Aus dem Ergebnis dieses Klärungsprozesses ergeben sich dann die Hauptkapitel, die Abschnitte Deines Buches.

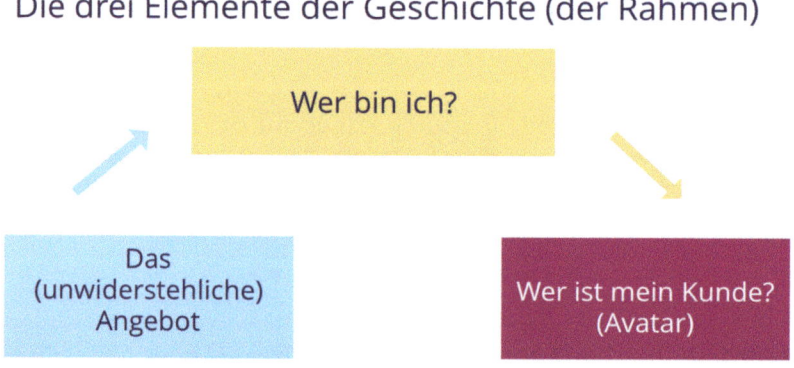

Abbildung 1: Der Rahmen, um ein Buch zu schreiben!

• • • • ● • ● • • •

Wer bin ich?

Das erste Element ist: Wer bist Du, was ist Deine Kompetenz? Was bietest Du an, was bietet Dein Unternehmen an? Was ist Deine Kompetenz und was möchtest Du dem Leser geben. Welche Erfahrungen hast Du mit dem Thema. Was ist Dein Ziel mit dem Buch (Positionierung? Mission? Geld verdienen?). Das nächste Kapitel ist dem Angebot gewidmet.

• • • ● • ● • • •

Wer ist mein Kunde?

Das zweite Element ist: Wer ist Dein Kunde? Die Person, für die Du schreibst. Was sind die Werte dieses Menschen, seine Bedürfnisse. Welche seiner Bedürfnisse soll Dein Buch befriedigen. Für diesen Kunden brauchen wir einen so genannten Avatar. Wie man einen Avatar mit Hilfe von KI erstellt, ist ebenfalls Thema eines eigenen Kapitels.

• • • ● • ● • • •

Das unwiderstehliche Angebot

Es ist offensichtlich, dass es viele Schnittstellen zwischen den ersten beiden Fragen gibt. Die dritte Frage lautet: Welches (unwiderstehliche) Angebot möchte ich dem Kunden machen, damit er von dem Buch profitiert? Wenn die ersten beiden Fragen gut genug beantwortet sind (gut genug reicht, es muss nicht perfekt sein), wenn die ersten beiden Fragen gut genug beantwortet sind, ergibt sich das unwiderstehliche Angebot oft von selbst. Aber auch hier kann KI helfen.

• • • ● • ● • • •

Der erste Brainstorming-Prozess

Die KI ermöglicht die Definition von Rollen vor der eigentlichen Frage und die Antworten sind je nach definierter Rolle sehr unterschiedlich.

Beispiel:

- Ich bin eine Autorin, die über Sucht schreibt. Erkläre mir, was Sucht ist.

- Ich bin ein Betroffener, der unter einer Sucht leidet. Erkläre mir, was Sucht ist.

Ich habe diese beiden Prompts in ChatGPT 4o eingegeben, die Antworten sind völlig unterschiedlich. Aber die Antworten haben schon viele Hinweise gegeben, die für ein Buch über Sucht interessant sein könnten. Gleiches gilt für jedes andere Thema.

• • • ● • ● • • •

Der Ansatz für das Brainstorming ist, vom Allgemeinen zum Besonderen zu gehen.

Beispiel:

Eine Antwort von ChatGPT war:

Sucht betrifft das Belohnungssystem im Gehirn, insbesondere den Botenstoff Dopamin. Substanzen wie Alkohol, Nikotin oder Opioide erhöhen den Dopaminspiegel im Belohnungszentrum des Gehirns, was zu einem Gefühl der Freude und des Wohlbefindens führt. Mit der Zeit passen sich die Hirnstrukturen an, was zu Toleranz und Entzugserscheinungen führt, wenn die Substanz nicht mehr konsumiert wird.

Diese Antwort ist übrigens meines Wissens nur zur Hälfte richtig. Sucht betrifft das Belohnungssystem, das ist richtig dargestellt und formuliert. Aber ein sehr wichtiges Forschungsergebnis der letzten Jahre fehlt hier, nämlich der Zusammenhang zwischen Neokortex und Belohnungssystem.

Die Antwort von Chat ist also ein Beispiel dafür, dass ChatGPT teilweise sehr richtige Ergebnisse liefert, aber ein kompetenter Autor merkt an der Antwort, dass etwas fehlt.

· · · ● ● · ● ● · · ·

Eine Möglichkeit wäre, jetzt weiter zu fragen:

- Ich bin eine Wissenschaftlerin, die seit Jahren über Sucht forscht. Erkläre mir, was Sucht ist.

ChatGPT kann aber auch im Rahmen eines Chats auf frühere Ergebnisse Bezug nehmen und diese weiter spezifizieren.

· · · ● ● · ● ● · · ·

Eine weitere Möglichkeit ist, nach 10 Themen für ein Sachbuch zu fragen.

Beispiel:

- Ich schreibe ein populärwissenschaftliches Sachbuch zum Thema "Sucht". Gib mir 10 mögliche Themen.

ChatGPT 4o liefert 10 wirklich interessante Themen für ein Sachbuch über Sucht. Nun kann man zurückgehen und die Fragen weiter spezifizieren. Man kann sich auf frühere Aussagen innerhalb eines Chats beziehen.

· • • • ● • ● • • ·

Beispiel:

- Verschiedene Arten von Süchten ist ein interessantes Thema. Gib mir einen Vorschlag für entsprechende Kapitel.

Die Antworten sind sehr strukturiert. ChatGPT liefert viele gute Ideen, die in den eigenen Prozess integriert werden können.

· • • ● ● • ● • • ·

Ein iterativer Prozess

Das Arbeiten mit ChatGPT ist ein iterativer Prozess. Ein iterativer Prozess ist eine wiederholte Abfolge von Schritten oder Vorgängen, durch die eine Aufgabe oder ein Problem schrittweise verbessert oder gelöst wird. Jeder nächste Schritt bezieht sich auf den vorhergehenden. Das bedeutet, dass sich eine Aussage auf die zuvor gemachten Aussagen bezieht.

Die Ergebnisse jeder Iteration werden analysiert, um Anpassungen vorzunehmen und den Prozess zu optimieren. Iterationen können in verschiedenen Kontexten angewendet werden, z.B. in der Softwareentwicklung, im Projektmanagement, im Produktdesign oder im wissenschaftlichen Forschungsprozess.

Ziel der Brainstorming-Phase mit KI ist es, viele neue Ideen zu bekommen. Das ist sozusagen das Geheimnis des Ganzen. Das ist das, was KI im Allgemeinen wirklich gut kann, schnell viele Ideen zu generieren. Ich selbst benutze KI sehr oft. Ich benutze sie als Assistent für jede Komponente beim Schreiben, wenn ich nicht weiterkomme oder etwas brauche.

Es gibt kein Buch, das man in einem Rutsch schreibt. Iteration bedeutet, dass man ein bisschen mit dem Prozess leben muss. Man muss die Geduld haben, hin und her zu gehen.

$$\bullet \ \bullet \ \bullet \ \bullet \ \bullet \ \bullet \ \bullet \ \bullet \ \bullet \ \bullet$$

Zusammenfassung

Ein gutes Sachbuch hat zwei Hauptaufgaben: Erstens vermittelt es schwer zugängliche, exklusive oder neu zusammengestellte Informationen. Zweitens unterstützt es einen Veränderungsprozess beim Leser.

Ein erfolgreiches Sachbuch vermittelt also nicht nur Informationen, sondern löst auch emotionale Reaktionen aus, die zu langfristigen Verhaltensänderungen führen können. Die Arbeit mit Künstlicher Intelligenz (KI) kann diesen Prozess unterstützen, indem sie beim Schreiben, Überarbeiten und Strukturieren des Buches hilft. Die Arbeit mit KI ist ein iterativer Prozess, der kontinuierliche Anpassungen und Optimierungen erfordert, um das gewünschte Ergebnis zu erzielen.

• • • ● • ● • • •

---

1. "Writers Block" bedeutet "Schreibblockade" auf Deutsch. Es beschreibt den Zustand, in dem ein Schriftsteller oder Autor unfähig ist, neue Texte zu verfassen oder kreative Ideen zu entwickeln. Dies kann durch verschiedene Faktoren verursacht werden, wie z. B. mangelnde Inspiration, Stress oder Selbstzweifel.

DIE EIGENE KOMPETENZ

Hier geht es um Deine Superkraft, um das, was Du am liebsten machst, was Du besonders gut kannst. Was Du anbieten kannst und willst.

Ich stelle Dir jetzt eine Reihe von Fragen für den Klärungsprozess: Was ist meine Kompetenz, worin bin ich gut, was kann ich anbieten.

Das Modell, auf das ich zurückgreifen möchte, stammt von dem NLP-Trainer (Neurolinguistisches Programmieren) Robert Dilts. Die Fragen basieren auf dem Modell der logischen Ebenen. Es ist besser, diese Fragen ohne KI zu beantworten. Denn jetzt geht es um Dich und Deine Kompetenzen.

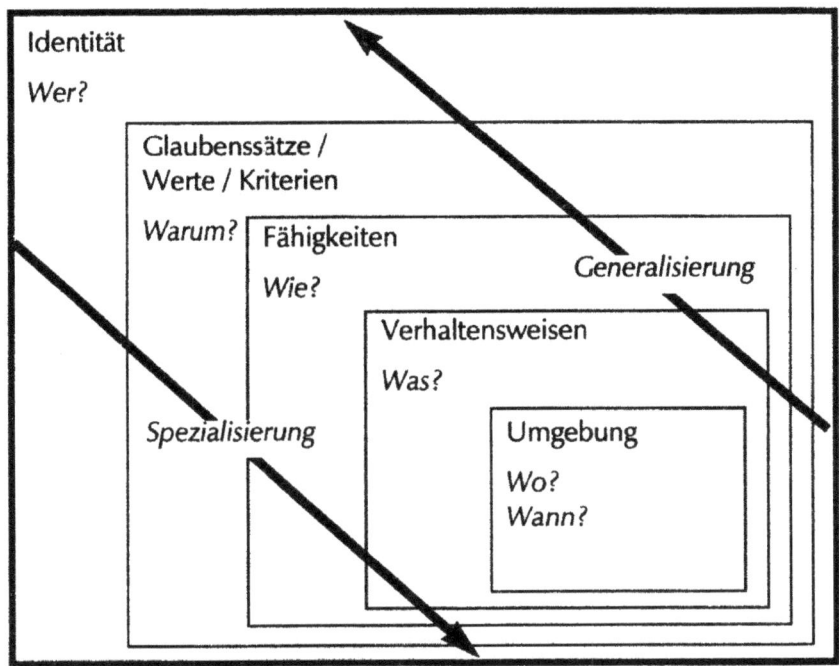

Abbildung 2: Hier ein Bild der logischen Ebenen von Robert Dilts.

Durch die systematische Reflexion dieser Ebenen kann ein Autor ein vertieftes Verständnis seiner eigenen Kompetenzen, Motivationen und Ziele entwickeln. Dies hilft nicht nur bei der Selbstreflexion, sondern auch bei der gezielten Arbeit an der eigenen schriftstellerischen Entwicklung.

• • • • • • • • • •

Das Modell wird zweimal durchlaufen. Danach, wenn Du die Fragen diesmal möglichst OHNE KI beantwortest (denn es geht um Dich und Deine Kompetenzen und Gefühle), stehst Du auf einer soliden Basis darüber, wer Du bist, was Du kannst und wie Du Deinen Schreibprozess gestalten kannst.

Wenn man durch die verschiedenen Ebenen geht, kann man:

- Die äußeren und inneren Bedingungen identifizieren, die die eigenen Kompetenzen formen.

- Ein klares Bild der eigenen Aktivitäten, Fähigkeiten und Strategien zu entwickeln.

- Die persönlichen Überzeugungen und Werte erkennen, die die Arbeit leiten.

- Ein starkes Selbstbild und ein Gefühl beruflicher Identität entwickeln.

- Die größere Bedeutung und den Beitrag der eigenen Arbeit verstehen.

All diese Maßnahmen stärken sowohl das Selbstwertgefühl ("Ich bin gut") als auch das Selbstvertrauen ("Ich schaffe das"). Das ist sehr wichtig, um Dein Buch schnell fertig zu stellen.

Der Schreibprozess

Durch die systematische Reflexion dieser Ebenen kann ein Autor ein tiefes Verständnis für seine eigenen Kompetenzen, Motivationen und Ziele entwickeln. Dies hilft nicht nur bei der Selbstreflexion, sondern auch bei der gezielten Arbeit an der eigenen Entwicklung als Autor:in.

Umgebung (Environment)

- **Wo schreibe ich?** Überlege, welche physischen Umgebungen (z.B. Arbeitsplatz, Büro, Café) Deine Produktivität und Kreativität beeinflussen. Am besten ist ein ungestörter Raum, immer derselbe Raum, immer derselbe Schreibtisch. So kommst Du in den Arbeitsmodus, sobald Du Dich hinsetzt.

- **Wann schreibe ich?** Überlege Dir, wann Du am effektivsten und inspiriertesten schreibst (z.B. morgens, abends, am Wochenende). Es gibt sehr erfolgreiche Schreibtrainer, die empfehlen, gleich morgens nach dem Aufstehen noch vor dem Frühstück eine Stunde ungestört zu schreiben, wenn man nicht hauptberuflich als Autor:in arbeitet. Wichtig ist, dass man möglichst immer am gleichen Ort und zur gleichen Zeit arbeitet.

- **Etwa vier Stunden am Tag** kann das Gehirn wirklich produktiv schreiben. *Das bedeutet, man muss täglich schreiben.* Romane und Sachbücher, die man während eines zweiwöchigen Urlaubs schreibt, werden in der Regel nie fertig. Oder sie werden nicht wirklich gut.

- **Mit wem arbeite ich zusammen?** Überlege, mit wem Du zusammenarbeitest (z.B. Lektoren, Mentoren, Schreibgruppen) und wie diese Beziehungen Deine Arbeit beeinflussen. Ich habe die Erfahrung gemacht, dass ich am besten alleine schreibe.

• • • • ● • ● • ● • •

Verhalten (Behavior)

- **Was schreibe ich?** Kläre, welche Art von Text (z.B. Roman, Sachbuch, Artikel) Du schreibst. Hier geht es um das Sachbuch, aber natürlich können viele der Tipps auch für Romane und Kurzgeschichten verwendet werden.

• • • • ● • ● • • •

- **Was mache ich täglich, um zu schreiben?** Überlege Dir, welche täglichen Routinen und Gewohnheiten (z.B. feste Schreibzeiten, Notizen machen) Du hast, um produktiv zu sein. Wir machen unsere Gewohnheiten und dann machen sie uns. Es wird Dir viel leichter fallen, jeden Tag zu schreiben, wenn Du, wie bereits erwähnt, Zeit und Raum zu einer festen Routine werden lässt.

• • • • ● • ● • • •

Fähigkeiten (Capabilities) / Strategien (Skills)

- **Welche Schreibfähigkeiten habe ich?** Denke über Deine sprachlichen, kreativen und analytischen Fähigkeiten nach. Sei nicht zu kritisch. Schreibfähigkeiten lassen sich entwickeln. In Kapitel 7 stelle ich Dir das Programm Deepl Write vor, das Dir sehr dabei helfen kann, schnell sehr klar zu schreiben.

- **Welche Strategien nutze ich, um zu schreiben?** Überlege, welche Methoden und Techniken Du anwendest, wenn Du schreibst (z.B. Mindmapping, Plotting, Recherchetechniken).

• • • ● • ● • ● • •

Überzeugungen und Werte (Beliefs and Values)

- **Warum schreibe ich?** Überlege, was Deine tiefere Motivation für das Schreiben ist (z.B. Leidenschaft, Wissensvermittlung, Unterhaltung).

- **Was ist mir beim Schreiben wichtig?** Kläre, welche Werte wie Integrität, Authentizität oder Kreativität Deine Arbeit leiten. Diese Frage bezieht sich auf die Beziehung zum zukünftigen Leser. Was sind Deine Werte in Bezug auf diesen Leser? Sind Ideen wie "In 7 Tagen ein Buch mit Neuroflash" wirklich die Art von Beziehung, die Du langfristig zu Deinem Leser aufbauen möchtest?

• • • • ● • ● • • •

Identität (Identity)

- **Wer bin ich als Autor?** Definiere Dein Selbstverständnis als Schriftsteller (z.B. Romanautor, Sachbuchautor, Journalist).

- **Welche Rolle spielt das Schreiben in meinem Leben?** Überlege, welche Bedeutung das Schreiben für Deine Identität und Deinen Lebensweg hat. Es geht um Deine Identität, wer Du durch das Schreiben bist, nicht um mehr Einkommen. Mehr Einkommen ist eine Folge dieser Klärung.

• • • • ● • ● • • •

Spiritualität (Spirituality)

- **Wozu schreibe ich?** Denke über den größeren Zweck und die Vision hinter deinem Schreiben nach (z.B. Veränderung der Gesellschaft, Bereicherung der Kultur).

- **Für wen schreibe ich?** Überlege, wer Deine Zielgruppe ist und welche Bedürfnisse und Wünsche sie hat. Mehr dazu im nächsten Kapitel "Der Avatar".

- **Was ist meine Mission als Autor?** Formuliere Deine übergeordnete Mission, die Dein Schreiben leitet (z.B. Bildung fördern, Geschichten erzählen, die inspirieren).

• • • ● ● • ● • ● • •

Inhaltliche Kompetenzen

Um herauszufinden, über welche inhaltlichen Kompetenzen eine Person verfügt, kann sie die logischen Ebenen von Robert Dilts für eine strukturierte Selbstreflexion nutzen.

Durch die systematische Anwendung dieser Fragen und die Reflexion der jeweiligen Ebenen kann eine Person ihre inhaltlichen Kompetenzen klarer erkennen und definieren. Dies hilft nicht nur bei der Selbstwahrnehmung, sondern auch dabei, gezielt an der eigenen Entwicklung zu arbeiten und die eigene Position in beruflichen Kontexten besser zu verstehen und zu kommunizieren.

• • • ● • ● • • •

Umgebung (Environment)

- **Wo habe ich meine Kompetenzen erworben?** Denke über die physischen Umgebungen nach, in denen Du relevante Kompetenzen entwickelt hast (z. B. am Arbeitsplatz, in Bildungseinrichtungen).

• • • ● • ● • • •

- **Wann habe ich diese Kompetenzen genutzt?** Überlege, wann und unter welchen Umständen Du Deine Kompetenzen am meisten eingesetzt hast.

- **Mit wem habe ich zusammengearbeitet?** Überlege, mit welchen Personen oder Gruppen (z. B. Kollegen, Mentoren) Du in diesen Kontexten zusammengearbeitet hast und wie sich diese Zusammenarbeit auf Deine Fähigkeiten ausgewirkt hat.

• • • ● • ● • • •

Verhalten (Behavior)

- **Was mache ich regelmäßig, das meine Kompetenzen zeigt?** Notiere spezifische Aktivitäten, die Du regelmäßig durchführst und die Deine Fähigkeiten demonstrieren (z.B. Berichte schreiben, Präsentationen halten).

- **Welche Aufgaben übernehme ich?** Identifiziere die Aufgaben und Projekte, für die Du regelmäßig Verantwortung übernimmst und die Deine Kompetenzen deutlich machen.

• • • ● • ● • • •

Fähigkeiten (Capabilities) / Strategien (Skills)

- **Wie setze ich meine Kompetenzen ein?** Beschreibe, wie Du Deine Kompetenzen in die Praxis umsetzt, welche Methoden und Techniken Du dabei anwendest.

- **Welche spezifischen Fähigkeiten habe ich entwickelt?** Aufzählung der erworbenen Fähigkeiten (z. B. analytische Fähigkeiten, technische Fertigkeiten) in Deinem Fachgebiet.

- **Welche Strategien verwende ich, um meine Aufgaben zu bewältigen?**

• • • ● ● ● ● ● • •

Überzeugungen und Werte (Beliefs and Values)

- **Welche Werte prägen meine Arbeit?** Überlege, welche Werte und Überzeugungen Deine Handlungen und Entscheidungen beeinflussen (z.B. Integrität, Genauigkeit, Kreativität).

Identität (Identity)

- **Wer bin ich in meinem beruflichen Kontext?** Definiere Deine Rolle und wie Du Dich in deinem Fachgebiet siehst (z.B. als Experte, als Innovator).

- **Wie sehe ich mich selbst als Fachkraft?** Reflektiere Dein Selbstbild und wie es mit Deinen beruflichen Kompetenzen zusammenhängt.

• • • • ● • ● • • •

Spiritualität (Spirituality) / Zugehörigkeit (Connection)

- **Für wen arbeite ich?** Denke über die Zielgruppen und Gemeinschaften nach, die von Deiner Arbeit profitieren.

- **Was ist meine Mission?** Formuliere eine Mission, die Dein berufliches Handeln leitet und inspiriert.

• • • • ● • ● • • •

Prokrastination (Aufschieberitis) verhindern

Die Anwendung der Logischen Ebenen nach Robert Dilts bietet also eine strukturierte und ganzheitliche Methode zur Selbstreflexion.

Durch die Beantwortung dieser Fragen lernt man sich selbst besser kennen, entdeckt seine Superkräfte und Kompetenzen. Dies hilft später, Prokrastination zu vermeiden, denn die Selbstreflexion bietet eine Möglichkeit, die sogenannte Negativ-Bias des Gehirns zu umgehen.

Die Negativ-Bias des Gehirns, auch bekannt als Negativity Bias, ist die Tendenz unseres Gehirns, negative Informationen, Ereignisse und Erfahrungen stärker zu gewichten und besser zu erinnern als positive oder neutrale. Diese psychologische Neigung hat tiefgreifende Auswirkungen auf unser Denken, Verhalten und unsere Emotionen.

Schreibblockaden, unfertige Bücher, Aufschieberitis und Selbstzweifel sind oft die Folge der Negativity Bias des Gehirns. Wenn man im Leben viel entmutigende Kritik erfahren hat, tut das Gehirn fast alles, um uns vom Schreibtisch wegzuhalten und den Veröffentlichungsprozess eines Buches zu verhindern. Es will uns davor schützen, erneut schmerzhafte Kritik einstecken zu müssen.

$$\bullet \quad \bullet \quad \bullet \quad \bullet \quad \bullet \quad \bullet \quad \bullet \quad \bullet \quad \bullet \quad \bullet$$

Es gibt Autor:innen, die buchstäblich in letzter Minute die Veröffentlichung eines Buches verhindern aus Angst vor Kritik. Oder es so publizieren, dass es nicht gefunden wird, beispielsweise nur über die eigene Webseite anstatt über den Buchhandel.

Auf dem Markt werdenn verschiedene Mittel gegen Schreiblockaden und Aufschieberitis angeboten. Hier möchte ich einige wichtige Maßnahmen aufzählen, aber es würden den Rahmen dieses Buches bei weitem sprengen, sie einzeln zu diskutieren. Zu jeder Maßnahme gibt es aber Hilfen auf dem Markt, sei es Bücher oder auch kostenlose Videos bei YouTube.

- **Bewusstsein schaffen**: Das Bewusstsein für die Existenz und das Funktionieren von negativen Vorurteilen kann der erste Schritt sein, um ihre Auswirkungen zu erkennen und zu verringern. Als Autor:in kann man sich bewusst machen, ob es überkritische Eltern oder Lehrer:innen gab, deren negative, internalisierte Stimmen man vielleicht heute noch vor seinem inneren Ohr hört.

- **Positive Erfahrungen fördern**: Bewusste Anstrengungen unternehmen, um positive Erlebnisse zu schaffen und wertzuschätzen. Dies kann durch das Führen von Dankbarkeitstagebüchern, das Feiern kleiner Erfolge und die Pflege positiver Beziehungen geschehen. Die besten Erfahrungen habe ich mit Klient:innen gemacht, die bereit waren, ein sogenanntes Erfolgsjournal zu führen. Und jeden Tag, wirklich jeden Tag zu formulieren, was heute besser ist als gestern. Ein, zwei Sätze reichen. Warum bin ich heute ein bisschen produktiver, schneller, klüger, gebildeter. Das wirkt Wunder. Versprochen.

- **Positive Reize verstärken:** Nimm Dir Zeit, um positive Erlebnisse und Gedanken zu verstärken, indem Du Dich daran erinnerst, darüber sprichst oder sie visualisierst.

- **Stressbewältigung und Achtsamkeit:** Techniken wie Meditation, Achtsamkeit und Stressbewältigungsstrategien können Dir helfen, negative Gedanken und Gefühle besser zu kontrollieren.

Wenn Du diese Fragen jedesmal vor Beginn des Schreibens beantwortest, gerne jedes mal, dann kommt Dir das vielleicht wie Zeitverschwendung vor. Das ist es nicht. Du sparst diese Zeit sehr schnell wieder ein, wenn der eigentliche Schreibprozess beginnt. Versprochen.

$$\cdot \cdot \bullet \bullet \bullet \cdot \bullet \bullet \cdot \cdot \cdot$$

Zusammenfassung

Um Deine Superkraft und das, was Du am besten kannst und anbieten möchtest, herauszufinden, solltest Du Dich selbst genau reflektieren. Dafür eignet sich das Modell der logischen Ebenen von Robert Dilts, das auf einer Reihe von Fragen basiert. Diese Fragen sollten ohne KI beantwortet werden, um eine tiefgehende Selbstreflexion zu ermöglichen.

Durch die systematische Reflexion der verschiedenen Ebenen (Umgebung, Verhalten, Fähigkeiten, Überzeugungen und Werte, Identität, Spiritualität) kannst Du ein tiefes Verständnis für Deine Kompetenzen, Motivationen und Ziele entwickeln. Dies ist wichtig, um Schreibblockaden, unfertige Bücher, Aufschieberitis und Selbstzweifel zu vermeiden, die oft durch die Negativ-Bias des Gehirns verursacht werden. Diese Bias führt dazu, dass wir negative Erfahrungen stärker gewichten und sie uns vom Schreiben abhalten.

Durch die Beantwortung der hier vorgestellten Fragen lernst Du Deine Kompetenzen besser kennen und kannst gezielt an Deiner schriftstellerischen Entwicklung arbeiten. Dies hilft, das Selbstwertgefühl und Selbstvertrauen zu stärken, was für die Fertigstellung Deines Buches entscheidend ist.

$$\bullet \cdot \bullet \cdot \bullet \cdot \bullet \cdot \bullet \cdot$$

DER AVATAR

Ich habe einmal ein Interview mit Brian Tracy gehört. Brian Tracy, heute weit über achtzig Jahre alt und immer noch im Geschäft, war in seiner Jugend ein armer Junge ohne Ausbildung. Er setzte sich an seine Schreibmaschine, seine mechanische Schreibmaschine, und schwor sich, alle drei Monate ein Sachbuch auf den Markt zu bringen. Das erforderte damals eine ungeheure Disziplin. Tracy brachte sie auf. Heute wird das Vermögen von Brian Tracy auf 250 Millionen Dollar geschätzt.

Tracy wurde in dem Interview gefragt (das war vor der Video-Revolution), wie viele Bücher man lesen müsse, um ein neues Buch zu schreiben. Er antwortete: Mindestens zwölf. Mindestens. Der Leser merkt es, auch wenn kein einziges zitiert wird. Er merkt, ob Hintergrundwissen vorhanden ist.

Der Leser merkt auch, fuhr er fort, ob man an ihn gedacht hat, während man schreibt. Ob man ihm begegnet ist. Ob man ihn kennengelernt hat.

• • • • ● • ● ● • • •

Sobald Dein Angebot und Deine Kompetenzen klar formuliert sind, beginnst Du mit der Erstellung eines Avatars. Ein Avatar ist im Allgemeinen eine Stellvertreterdarstellung einer Person oder einer Einheit, sei es in der digitalen Welt oder in einem spirituellen oder kulturellen Kontext. In unserem Fall ist der Avatar ein sehr konkretes Beispiel für jemanden, für den Du Dein Buch schreibst. Je konkreter Dein Bild vom künftigen Leser ist, desto konkreter und wirkungsvoller ist Deine Botschaft.

Früher haben wir solche Profile oft nur grob skizziert und sind mit einem eher allgemeinen Bild unseres Publikums an die Arbeit gegangen. Heute können wir dank moderner Marketing-Tools detaillierte fiktive Darstellungen unserer Leser oder Zielgruppen erstellen, die auch als "Buyer Persona" oder "Customer Persona" bezeichnet werden. Ein Marketing-Avatar hilft dabei, gezielt für den zukünftigen Leser zu schreiben, denn der Prozess der Avatar-Erstellung ermöglicht es, eine emotionale Verbindung zu diesem Leser aufzubauen.

• • • ● • ● ● • • •

Stell Dir vor, Du schreibst Dein Buch für eine ganz bestimmte Person - vielleicht jemanden, den Du aus Deinem eigenen Leben kennst. Stell Dir vor, wie diese Person lebt, was sie bewegt, vor welchen Herausforderungen sie steht und wie Dein Buch ihr helfen kann. So wird Dein Schreiben nicht nur präziser und wirkungsvoller, sondern auch persönlicher und berührender.

• • • ● • ● • • •

Die beiden wichtigsten Fragen lauten:

- Was sind die wichtigsten Bedürfnisse oder Probleme dieser Leser?

- Wie kann ich den idealen Leser in seinem Transformationsprozess unterstützen?

• • • ● • ● • • •

Mögliche Fragen sind:

1.) Gib an, ob der Avatar eine Frau, ein Mann oder ein Transgender sein soll.

Ich nehme als Beispiel einen Mann. Er hat ein Alkoholproblem.

2.) Welches Alter hat die Zielgruppe?

Ich entscheide mich für ein Alter zwischen 30 und 50 Jahren.

3.) Beschreibe nun in wenigen Worten die Zielgruppe des Projekts.

Ein Mann mit Alkoholproblemen, der aber noch berufstätig ist. Seine Frau hat ihm mit Scheidung gedroht. Außerdem wurde ihm nach einer Trunkenheitsfahrt der Führerschein entzogen und er muss nun zur MPU.

• • • • ● • ● • • •

4.) Was ist das Kernbedürfnis dieser Person?

Das zentrale Bedürfnis dieser Person könnte der Wunsch nach Veränderung und Verbesserung ihrer Lebenssituation sein. Er könnte sich nach Stabilität in seiner Ehe sehnen, einen gesünderen Lebensstil anstreben und vor allem den Wunsch haben, seine berufliche Leistungsfähigkeit trotz seiner Probleme aufrechtzuerhalten. Dazu gehört auch die Wiedererlangung des Führerscheins.

• • • • ● • ● • • •

Die Person möchten sich gesünder fühlen, vitaler sein, mehr Selbstvertrauen haben, sich stärker verbunden und unterstützt fühlen, erfolgreich und produktiv sein. Insgesamt streben Menschen mit Alkoholproblemen danach, sich ganzheitlich - körperlich, emotional und sozial - besser zu fühlen und ein erfülltes und sinnvolles Leben ohne Alkohol zu führen.

• • • ● • ● • • •

5) Liste 3-5 emotionale Probleme auf, von denen Du glaubst, dass Dein Avatar sie hat.

Die Hauptprobleme der alkoholkranken Männer sind eine nicht erkannte und nicht behandelte Depression und/oder eine Angststörung, oft auch ein sehr geringes Selbstwertgefühl. Sie leiden unter tiefen Schamgefühlen, die nach außen durch Grandiosität abgewehrt werden. Dies führt zu Angeberei und unangemessenen Aggressionen, leider auch gegen nahestehende Personen, was die Situation oft noch verschlimmert.

• • • ● • ● • • •

6.) Wenn der Avatar Dein Buch gelesen und durchgearbeitet hat, wie hat er sich verändert? Wie fühlt er sich, wie verhält er sich?

Er hat akzeptiert, dass sein Alkoholkonsum immer schlimmer wird, wenn er nicht damit aufhört. Er hat Strategien entwickelt, mit emotional schwierigen Situationen umzugehen. Er hat einen besseren Zugang zur Scham, die durch Grandiosität abgewehrt wird, so dass er sich und sein gewalttätiges Verhalten gut erklären kann. Er weiß, dass es sich um einen Prozess handelt, den er aktiv angehen muss. Er wird die für die MPU vorgeschriebene Entwöhnungszeit nutzen, um neue, gesunde Gewohnheiten zu entwickeln.

• • • • ● • ● • • •

Hier kannst du dir Notizen machen!

....

....

....

....

....

Die Prompts sind:

Du gibst die Beschreibung aus Frage 3 in die Chat-Zeile ein und fragst:

- Was sind die Grundbedürfnisse dieses Mannes?

- Was sind die Hauptprobleme eines alkoholkranken Mannes?

- Welche Veränderungen könnte ein alkoholkranker Mann anstreben?

- Wie möchte sich künftig jemand fühlen, der bisher unter Alkoholproblemen litt?

Dies sind natürlich nur einige Fragen, die gestellt werden können. Weitere Fragen betreffen Beruf, Einkommen, Familienstand, Hobbys, Gewohnheiten, Kaufbarrieren, persönliche und berufliche Ziele, Kaufgewohnheiten, Online-Aktivitäten, Kommunikationskanäle, Social Media, typische Entscheidungsprozesse.

• • • ● • ● • ● • •

Die Bedürfnispyramide nach Abraham Maslow

Bücher haben die Aufgabe, die Bedürfnisse der Leser zu befriedigen. Es gibt Werbefachleute, die der Meinung sind, dass es effektiver ist, die Werbung auf die Bedürfnisse der Kunden nach der Bedürfnispyramide abzustimmen, als Daten wie Alter, Einkommen und Geschlecht zu erheben. Um menschliche Bedürfnisse besser verständlich zu machen, hat Abraham Maslow seine berühmte Bedürfnispyramide entwickelt[1].

Die Kernaussage der Maslowschen Bedürfnispyramide ist folgende: Die menschlichen Bedürfnisse sind in einer hierarchischen Struktur angeordnet, die von den grundlegendsten physiologischen Bedürfnissen bis zu den höheren psychologischen und Selbstverwirklichungsbedürfnissen reicht. Maslow postulierte, dass Menschen zunächst ihre Grundbedürfnisse befriedigen müssen, bevor sie sich höheren Bedürfnissen zuwenden können.

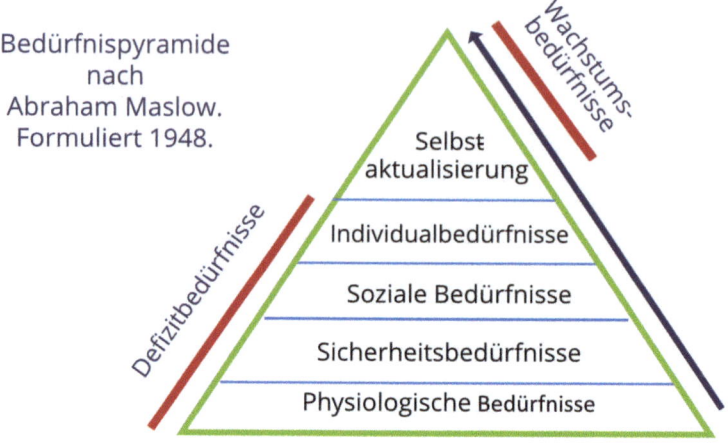

Bedürfnispyramide
nach
Abraham Maslow.
Formuliert 1948.

Wachstums-
bedürfnisse

Defizitbedürfnisse

Selbst
aktualisierung

Individualbedürfnisse

Soziale Bedürfnisse

Sicherheitsbedürfnisse

Physiologische Bedürfnisse

Abbildung 3: Die Bedürfnispyramide von Abraham Maslow.

• • • ● • ● • • •

Ein Buch befriedigt also eines (oder mehrere) der Bedürfnisse, die in dieser Pyramide angeordnet sind. Um auch hier Klarheit zu schaffen, kann die folgende Frage gestellt werden:

• • • ● • ● • • •

Für jedes Bedürfnis kann die folgende Aufforderung eingegeben werden:

- Gib mir 10 Vorschläge zur Befriedigung von Bedürfnissen... physiologische Bedürfnisse, Sicherheitsbedürfnisse, soziale Bedürfnisse, individuelle Bedürfnisse, Selbstaktualisierung.

• • • ● • ● • • •

Es ist wichtig, die Menschen, über die man schreibt, wirklich zu kennen. KI kann sehr hilfreich sein, um etwas zu formulieren, aber die emotionale Erfahrung ist genauso wichtig. Wer noch nie einen Alkoholiker getroffen hat, wer noch nie mit Alkoholikern gearbeitet hat, der kann noch so viel Wissen aus der KI ziehen, es wird am Ende seelenlos bleiben und nicht funktionieren.

Angebote, die behaupten, man könne über alles schreiben, wenn man nur ein paar Fragen beantwortet, sind und bleiben unseriös. KI kann Dir helfen, Deine Erfahrungen zu versprachlichen, in eine lesbare Form zu bringen. KI kann Dir NICHT helfen, diese Erfahrung im wirklichen Leben zu machen. Das ist wieder der Elefant im Raum.

Wenn Du alle erforderlichen Daten hast, kannst Du mit der Formulierung des Angebots beginnen.

• • • ● • ● • • •

Zusammenfassung

Sobald Du Dein Angebot und Deine Kompetenzen klar definiert hast, erstellst Du einen Avatar. Ein Avatar repräsentiert typischerweise eine Person oder eine Einheit und dient als konkretes Beispiel für Deine Zielgruppe. Im Marketing wird ein Avatar als detaillierte, fiktive Darstellung eines Lesers oder einer Zielgruppe verwendet, um gezielt für diese zu schreiben. So kannst Du eine emotionale Bindung zu Deinen Lesern aufbauen und Deine Botschaft effektiver vermitteln.

Um einen Avatar zu erstellen, beantworte zunächst Fragen wie Geschlecht, Altersgruppe und eine kurze Beschreibung der Zielgruppe. Dann identifiziere die Grundbedürfnisse und Hauptprobleme dieser Person und die Veränderungen, die sie anstreben könnte. Zum Beispiel könnte ein Mann mittleren Alters mit Alkoholproblemen Stabilität in seiner Ehe, einen gesünderen Lebensstil und die Wiedererlangung seines Führerscheins anstreben.

· · · ● · ● · ● · ·

Ein tieferes Verständnis der emotionalen Situation eines alkoholkranken Mannes, das mit Hilfe von KI und geeigneten Prompts entwickelt wird, kann Dir helfen, effektiver zu schreiben und Deine Botschaften besser zu vermitteln.

• • • ● • ● ● • •

---

1. Die Maslowsche Bedürfnispyramide wurde erstmals 1943 von Abraham Maslow in seinem Artikel "A Theory of Human Motivation" in der Zeitschrift "Psychological Review" vorgestellt. Diese Theorie wurde später weiterentwickelt und in Maslows Buch "Motivation and Personality" von 1954 ausführlicher dargestellt.

DAS ANGEBOT

Das unwiderstehliche Angebot für den Leser ergibt sich aus der synergetischen Verbindung der Kapitel "Meine Kompetenz" und "Der Avatar". Hier kann KI als Coach von unschätzbarem Wert sein. Es ist ein Schritt, für den KI wie geschaffen ist.

In einem sich wiederholenden Prozess gibt man fortlaufend zwei Antworten, eine aus Kapitel 3 und eine aus Kapitel 4, direkt in die ChatZeile von ChatGPT ein. Ein Beispiel veranschaulicht dies:

In Kapitel 3 habe ich auf die Frage nach meinen inhaltlichen Kompetenzen geantwortet: "Ich habe mich jahrelang intensiv mit den Grundlagen der Sucht beschäftigt. Mein Wissen reicht von den emotionalen Ursachen bis hin zur Funktionsweise des Gehirns bei Suchterkrankungen".

In Kapitel 4 habe ich auf die Frage nach den Bedürfnissen des zukünftigen Lesers geantwortet: "Er hat erkannt, dass sein

Alkoholkonsum außer Kontrolle gerät, wenn er nicht eingreift. Er hat Strategien entwickelt, um mit emotional belastenden Situationen umzugehen, und ist besser darin geworden, seine durch Grandiosität verdrängte Scham zu erkennen und sein gewalttätiges Verhalten zu erklären. Er ist sich bewusst, dass der Genesungsprozess aktives Engagement erfordert und wird die Entwöhnungsphase nutzen, um neue, gesunde Gewohnheiten zu etablieren".

Nun formulierst Du folgendes Prompt:

- Du gibst die Antworten ein und fragst: Ich habe folgende Kompetenzen (Texteingabe) - und ich habe einen Leser, der folgende Bedürfnisse hat (Texteingabe). Wie formuliere ich ein unwiderstehliches Angebot für diesen Leser?

Wiederhole diesen Schritt mit verschiedenen Antworten, bis Du genau weißt, was Dein unwiderstehliches Angebot ist. Bewahre die Antworten von ChatGPT gut auf, sie helfen Dir später beim Marketing.

• • • ● ● ● ● ● • •

Der Titel

Bücher werden über den Titel und das Cover verkauft. Der Inhalt Deines Buches kann das Beste sein, was es auf dem Markt gibt, Du kannst ein Genie sein, aber wenn niemand es bemerkt, wirkt sich das auf die Verkaufszahlen aus. Und den Bekanntheitsgrad. Und die Positionierung.

Ein guter Titel muss den Leser direkt ansprechen. Er muss interessant und einprägsam sein. Und er soll neugierig machen. Als Faustregel gilt: ein bis maximal vier Wörter, drei sind ideal. Mein Buch, das sich bisher am besten verkauft hat, heißt "Zucker und Bulimie".

Die folgenden Bände heißen: "Zucker, Vagus, Bulimie" - jeweils drei Wörter. "Schreibe Dein Buch mit KI" sind fünf Wörter, was der Faustregel knapp entspricht. Ja, es können auch fünf Wörter sein, aber die meisten erfolgreichen Bücher haben Titel mit einem bis vier Wörtern.

Wenn der Titel Aufmerksamkeit erregt, macht der Untertitel das Versprechen. Der Untertitel kann nicht nur, sondern muss länger sein als der Haupttitel. Der Untertitel sagt dem Leser, was er bekommt. Schneller schreiben mit ChatGPT und Deepl. "Schneller schreiben" ist das Versprechen.

• • • ● • ● • ● • •

Das Prompt für ChatGPT könnte lauten:

- Gib mir 10 Vorschläge für den Titel eines Buches über das Thema "Sucht".

- Gib mir 10 Vorschläge für ein Sachbuch zum Thema "Alkoholismus bei Männern mittleren Alters".

- Ich bin Sachbuchautorin. Wie könnte mein nächstes Buch heißen?

Natürlich habe ich alle drei Prompts mit ChatGPT 4 selbst ausprobiert. Jetzt habe ich schon dreißig gute Vorschläge für einen Buchtitel. Es ist viel einfacher, einen Titel aus dreißig, vielleicht vierzig oder fünfzig Vorschlägen auszuwählen, als sich hinzusetzen und selbst einen zu erfinden. In meinem Fall hat ChatGPT wirklich gute Vorschläge gemacht.

● ● ● ● ● ● ● ● ● ●

In der Chat-Zeile von ChatGPT gibt man nun die wichtigsten Daten für den Avatar ein und fragt:

- Welches ist der Titel, der diese Person am besten anspricht?

Die nächste Eingabeaufforderung (bitte innerhalb desselben Chats) lautet:

- Welcher der vorgeschlagenen Titel wird sich am besten verkaufen?

- Ich bin ein zukünftiger Kunde, ich habe das Profil des Avatars. Welcher Titel motiviert mich zum Kauf?

Probiere es selbst aus. Aber was mir ChatGPT 4o geliefert hat, war fantastisch. Sie haben den einprägsamsten, wirkungsvollsten Titel und den idealen Untertitel gefunden. Arbeitszeit: 20 Minuten.

• • • ● • ● • • •

Das Schöne an KI ist, dass man oft eine Mischung aus verschiedenen Ergebnissen erhält. Manchmal sind sie großartig, manchmal nicht. Du kannst sagen: "Okay, das gefällt mir. Behalte X und Y, aber A und B gefallen mir nicht. Kannst Du das ändern?" Teile ChatGPT mit, was Dir gefällt und was nicht, und es wird daraus lernen und es verbessern. Du kannst diesen Prozess so lange wiederholen, bis Du wirklich zufrieden bist.

$$\bullet \; \bullet \; \bullet \; \bullet \; \bullet \; \bullet \; \bullet \; \bullet \; \bullet \; \bullet \; \bullet$$

Wenn Du die Kapitel 3, 4 und 5 durchgearbeitet hast, ist der Schritt "Klarheit gewinnen" abgeschlossen. Zu diesem Zeitpunkt hast Du ein klares Verständnis davon gewonnen, wer Du bist, wer Dein Kunde ist und was Du ihm anbieten möchtest. Was Dein unwiderstehliches Angebot ist. Wenn das klar ist, kannst Du mit dem nächsten Schritt beginnen, der inhaltlichen Arbeit.

$$\bullet \; \bullet \; \bullet \; \bullet \; \bullet \; \bullet \; \bullet \; \bullet \; \bullet \; \bullet \; \bullet$$

Zusammenfassung

Die synergetische Verbindung der Kapitel "Meine Kompetenz" und "Der Avatar" bietet dem Leser ein unwiderstehliches Angebot. Dabei kann die KI als Coach von unschätzbarem Wert sein. In einem sich wiederholenden Prozess werden die Antworten aus den Kapiteln 3 und 4 kontinuierlich in die ChatGPT-Zeile eingegeben, um das Angebot zu formulieren.

Ein Beispiel zeigt, wie man Antworten zu den persönlichen Kompetenzen und Bedürfnissen des Lesers eingibt und ChatGPT nach einem unwiderstehlichen Angebot fragt. Diese Methode wird so lange wiederholt, bis man das perfekte Angebot hat, das später im Marketing verwendet werden kann.

Bücher werden über Titel und Cover verkauft. Ein guter Titel muss den Leser direkt ansprechen, interessant und einprägsam sein und Neugier wecken. Ideal sind Titel mit einem bis vier Wörtern. Ein ansprechender Titel zieht die Aufmerksamkeit auf sich, während der Untertitel das Versprechen des Buches darstellt. Ein Beispiel wäre "Schneller schreiben mit ChatGPT und Deepl", wobei der Untertitel das Versprechen vermittelt.

• • • ● • ● • • •

ChatGPT kann auch zur Zielgruppenansprache genutzt werden, indem man die wichtigsten Daten des Avatars eingibt und fragt, welcher Titel diese Person am besten anspricht und welcher sich am besten verkaufen wird.

Nach dem Durcharbeiten der Kapitel 3, 4 und 5 hat man ein klares Verständnis davon, wer man ist, wer der Kunde ist und was man anbieten möchte. Dieses klare Verständnis ermöglicht den nächsten Schritt der inhaltlichen Arbeit.

• • • ● • ● ● ◆ • •

INHALT UND UMSETZUNG

In diesem Schritt fängst Du an, den Inhalt zu formulieren. Es gibt verschiedene Möglichkeiten dies zu tun, z.B. kannst Du Dir von ChatGPT Kapitelvorschläge machen lassen.

Es wird oft empfohlen, erst alle Kapitel festzulegen und dann mit dem Schreiben zu beginnen. Ich muss gestehen, dass ich das nie geschafft habe und es daher auch nicht guten Gewissens empfehlen kann. Ich beginne mit einem Kapitel und arbeite mich Schritt für Schritt vor. Allerdings ändere ich unter Umständen die Reihenfolge der Kapitel, was mit modernen Schreibprogrammen in der Regel leicht möglich ist.

• • • ● • ● • ● • •

Die Gliederung

Mögliche Prompts für die Gliederung des Inhalts in Kapitel wären:

- Nenne mir 10 Kapitel für ein Buch, das Männern mittleren Alters auf respektvolle Weise hilft, ihre Alkoholprobleme zu überwinden.

- Nenne mir 10 Kapitel für ein Sachbuch zum Thema [Thema].

- Ich brauche Ideen für den ersten Entwurf eines Kapitels mit dem Titel [Thema].

- Nenne mir 10 Unterpunkte für das Kapitel [Thema].

Aber Vorsicht. Wenn ein Entwurf, der von einer KI geschrieben wurde, später nicht mehr bearbeitet wird und Du ihn nicht mehr ergänzt, umschreibst usw., dann handelt es sich um KI-generierten Inhalt und nicht mehr um KI-assistierten Inhalt. Wenn Du Dir einen Entwurf schreiben lässt und ihn dann überarbeitest, handelt es sich um KI-assistierten Inhalt.

• • • ⬤ • ⬤ • • •

Zusammenfassungen erstellen

Ein wichtiges Mittel, um Menschen zu helfen, den Inhalt eines Sachbuches zu verstehen und wirklich motiviert zu bleiben, sind entweder Zusammenfassungen und/oder Handlungsimpulse, also Übungen. In beiden Fällen kann KI sehr gut helfen. Hier ist ein Beispiel für eine Zusammenfassung.

Das Prompt lautet:

• Gib mir für den folgenden Text eine leicht lesbare, kurze Zusammenfassung [Text].

Dann gibt man den kopierten Text eines Kapitels ein. Innerhalb weniger Sekunden gibt ChatGPT eine gut lesbare Zusammenfassung aus. Auch diese muss überarbeitet und redigiert werden.

• • • ● • ● • • •

Der StyleGuide

Stell Dir vor, Du könntest ChatGPT schon in der Version 3.5 dazu bringen, Texte mit Deiner eigenen Stimme oder in einem anderen Stil zu formulieren. So klingt der Text nach Dir und nicht nach einem Automaten. Wenn Du einen Blogeintrag schreiben willst, kannst Du frühere Blogs verwenden, um Deinen Stil an den des Blogs anzupassen. Du kannst Deine E-Mails so schreiben lassen, dass sie perfekt zur Unternehmenskultur passen.

Das ist mit ChatGPT möglich. Du kannst Deinen eigenen ChatGPT erstellen, indem Du sogenannte StyleGuides erstellst, diese in die Chat-Zeile eingibst und dann den Text kopierst. Chat schreibt den Text dann entsprechend dem StyleGuide um.

Deshalb möchte ich darüber sprechen, wie man ChatGPT trainieren kann, um etwas zu erreichen, was viele Leser vermissen: die eigene, authentische Stimme des Autors.

Der erste Schritt ist die Analyse des Stils.

Du gibst als Prompt ein:

- Analysiere den folgenden Text hinsichtlich seines allgemeinen Stils. [Text]

Du brauchst einen Text von Dir, am besten einen (oder mehrere) aus der Zeit vor KI, um einen wirklich authentischen Text zu verwenden. Diesen kopierst Du in die Chat-Zeile unter der Anweisung. ChatGPT analysiert dann den Text. Das kannst Du mit verschiedenen Texten und Stilen machen.

• • • ● ● ● ● ● • •

Der zweite Schritt ist, sich von ChatGPT ein Prompt erstellen zu lassen. Ein wiederverwertbares Prompt.

- Erstelle bitte aus der Analyse des obigen Textes ein Prompt, mit dessen Hilfe ich in Zukunft in meinem Stil schreiben kann.

Chat analysiert alle Elemente dieses Stils. Hier ist ein Beispiel von mir. Ich habe ungefähr 500 Wörter hochgeladen.

Das endgültige Prompt lautet:

- Bitte schreibe einen Text in meinem Stil über [Thema]. Hier sind einige Hinweise zu meinem Stil:

  - Ich erzähle oft persönliche Geschichten und ziehe Vergleiche zwischen früher und heute.

  - Mein Ton ist humorvoll und informativ.

  - Ich versuche immer, eine emotionale Verbindung zum Leser herzustellen.

• • • **•** • **•** • • •

Hier zeigt sich schon, dass Prompts sehr lang sein können.

Man kann jetzt nach dem Prompt einen neuen Text eingeben. Ich habe als Beispiel ein Textstück aus Kapitel 3 dieses Buches genommen. Dies ist die alte Version:

Sobald Dein Angebot und Deine Kompetenzen klar formuliert sind, beginnst Du mit der Erstellung eines sogenannten Avatars. Ein Avatar ist im Allgemeinen eine Stellvertreterdarstellung einer Person oder einer Einheit, sei es in der digitalen Welt oder in einem spirituellen oder kulturellen Kontext.

Der Avatar ist ein sehr konkretes Beispiel für jemanden, für den Du das Buch schreibst. Denn je konkreter Dein Beispiel des Lesers ist, desto konkreter und wirkungsvoller ist Deine Botschaft an den Leser.

• • • ● • ● • • •

Nun gebe ich das Prompt ein und den alten Text. Das ist es, was ChatGPT 4o ausgespuckt hat:

Sobald Dein Angebot und Deine Kompetenzen klar formuliert sind, beginnst Du mit der Erstellung eines Avatars. Ein Avatar ist im Allgemeinen eine Stellvertreterdarstellung einer Person oder einer Einheit, sei es in der digitalen Welt oder in einem spirituellen oder kulturellen Kontext. In unserem Fall ist der Avatar ein sehr konkretes Beispiel für jemanden, für den Du Dein Buch schreibst. Denn je konkreter Dein Bild des Lesers ist, desto konkreter und wirkungsvoller wird Deine Botschaft.

• • • ● • ● • • •

Früher haben wir solche Profile oft nur grob skizziert und sind dann mit einem eher allgemeinen Bild unseres Publikums an die Arbeit gegangen. Heute jedoch können wir dank moderner Marketing-Tools detaillierte, fiktive Darstellungen unserer Leser oder Zielgruppen erstellen, auch bekannt als "Buyer Persona" oder "Customer Persona". Ein Marketing-Avatar hilft dir, gezielt für Deinen künftigen Leser zu schreiben, denn der Prozess, einen Avatar zu erstellen, ermöglicht es dir, eine emotionale Verbindung zu diesem Leser aufzubauen.

• • • • • • • • • •

Muss man noch viel hinzufügen?

Mit dieser Methode ist es möglich, ein Buch im Stil praktisch jedes bekannten Autors zu schreiben, von dem Du kopierbare Texte hast. Sobald Du ein PDF hast, kannst Du es analysieren lassen und den Stil verwenden. Beachte aber die Grenzen des Urheberrechts.

Die Zeit- und Kostenersparnis ist enorm. Das gilt besonders, wenn Du Blogbeiträge für Unternehmen schreibst. Du lässt drei, vier, fünf Blogbeiträge analysieren, die den Segen des Managements gefunden haben, schreibst Deinen Text einfach grob auf und lässt ihn dann von ChatGPT umformulieren.

Es ist sinnvoll, diese Prompts an einem sicheren Ort aufzubewahren und bei Bedarf für andere Bücher wiederzuverwenden.

Zusammenfassung

In diesem Kapitel wurden drei wichtige Themen behandelt. Das Erstellen der Gliederung, das Finden von Unterthemen für die einzelnen Kapitel und schließlich das Erstellen eines StyleGuides. Alle drei Themen können mit KI viel schneller erledigt werden, als dies in der Vergangenheit - auch mit einem Team - möglich war.

FERTIGSTELLUNG

Deepl und Deepl Write

Ich habe meine Abiturnote teilweise durch meine Rechtschreibschwäche ruiniert. Im Aufsatz hatte ich oft eine Eins oder Zwei und im Diktat meistens eine Fünf. Ich war keine Legasthenikerin, aber ich war nie in meinem Leben sicher in der Rechtschreibung.

Daher war ich für die Produktion von Büchern immer auf Korrekturleser:innen angewiesen. Egal, ob ich die Bücher selbst herausbrachte oder ein Verlag. Ich brauchte immer jemanden, der Satz für Satz durchging und meine Fehler sicher erkannte. Das war einfach zu teuer und zu zeitaufwendig.

Im August 2022 kam mein Mann abends nach Hause und erzählte mir von einer neuen Firma. Es sei eine deutsche Firma, sagte er. Man habe ihm bei einem Bier unter Kollegen, alles Informatiker, erzählt, dass dieses Programm sehr schnell und sehr gut Übersetzungen machen könne. Eine deutsche Firma! Aus Köln! Sie würde mit künstlicher Intelligenz arbeiten.

Wir googelten und fanden www.deepl.com[1]. Das war der Beginn einer langen Freundschaft.

Ich arbeite viel mit englischsprachigen Büchern und Videos. In der günstigsten Pro-Version gab es die Möglichkeit, ganze Dokumente übersetzen zu lassen. Ich habe die günstigste Pro-Version am nächsten Tag gebucht.

Im Januar 2023 wurde ich darüber informiert, dass Deepl Write nun verfügbar sei. Als Besitzerin der Pro-Version hatte ich das Privileg, als Beta-Testerin mit 5000 Zeichen pro Eingabe zu testen. Auf der einen Seite die Eingabe, auf der anderen Seite der korrigierte deutsche Text.

Ich probierte es aus.

Ich saß lange wie erstarrt vor meinem Bildschirm. Ich hörte vor meinem inneren Ohr wieder und wieder die wütenden und sogar hasserfüllten Schreie meiner Mutter, wenn ich die nächste Fünf geschrieben hatte, im Diktat. Dieses erbarmungslose, hasserfüllte Keifen, das meine Schulzeit ruinierte. Ich erinnerte mich, wie es war, wenn der Nachmittag oder sogar die ganze nächste Woche wieder ruiniert war. Wenn mein Vater abends blass vor Verzweiflung wurde.

Ich dachte an meine Abiturnote und daran, wie viel Geld ich für Korrektoren ausgegeben hatte.

Seitdem gab es buchstäblich keinen Tag in meinem Leben, an dem ich Deepl Write nicht benutzt habe. Neulich habe ich mit meiner ehemaligen Korrektorin telefoniert. Ja, sagte sie, wir merken das mit der KI. Ich fange jetzt an, mir eine neue Existenz aufzubauen.

Glücklicherweise sind wir uns freundschaftlich verbunden geblieben.

• • • • ● ● ● ● • • •

Wenn Du bis hierher gekommen bist, hast Du jetzt Folgendes: Du hast ein fertiges Manuskript, das gut strukturiert und in Deinem Stil geschrieben ist.

Jetzt ist es an der Zeit, mit Deepl Write zu arbeiten.

Die Beta-Version, die mich damals überzeugt hat, gibt es heute nicht mehr. Um mehr als 2000 Zeichen korrigieren zu lassen, muss man auf die Pro-Version upgraden. Der Preis ist absolut fair. Im Moment bezahle ich 20 Euro im Monat für die günstigste englische Pro-Version und die günstigste Write-Pro-Version zusammen. Das ist ein Bruchteil dessen, was ich früher für Lektor:innen bezahlt habe.

Deepl ist wie ChatGPT ein KI-basiertes Sprachprogramm, bietet aber hauptsächlich Übersetzungen und sprachliches Lektorat für Privatpersonen und Unternehmen an - in Deepl Write. Deepl Write schreibt keine Texte wie ChatGPT, sondern korrigiert Texte. Es stellt sicher, dass die Rechtschreibung korrekt ist.

Bei der Anwendung muss man etwas aufpassen. Deepl Write korrigiert nicht nur, es verändert auch den Stil und ergänzt manchmal das Geschriebene. Manchmal formuliert es so um, dass der Sinn nicht mehr derselbe ist. Wie für ChatGPT geschrieben, muss man alles genau lesen.

Die Ergebnisse können nicht einfach kopiert und verwendet werden. Aber es markiert in grün, was es geändert hat. Und in der Pro-Version, die ich benutze, kann man sehen, was wo geändert wurde.

Abbildung 4: Dieses Bild zeigt die verschiedenen Möglichkeiten von Deepl Write.

Hier siehst Du die Eingabemöglichkeiten. Links kannst Du den zu übersetzenden oder zu korrigierenden Text eingeben. Rechts kannst Du auch Text eingeben, der aber nicht automatisch korrigiert wird. Du kannst ihn aber umformulieren lassen.

Auf der rechten Seite siehst Du das korrigierte Ergebnis. Oben kannst Du wählen, ob Du den Übersetzer oder das Schreibprogramm benutzen willst.

Auf der linken Seite siehst Du den Satz, den ich hineinkopiert habe. Auf der rechten Seite siehst Du die Korrektur. DeepL bietet mehrere Alternativen an, die Du einfach mit dem Symbol unten rechts auswählen und kopieren kannst. Du kannst auch innerhalb einer Alternative einmal auf ein Wort klicken, dann erscheint die Möglichkeit, den Text umzuformulieren.

Es ist auch möglich, sich sowohl den eingegebenen als auch den korrigierten Text von einer Computerstimme vorlesen zu lassen. Soweit ich weiß, ist es noch nicht möglich, die Sprachausgabe als Audiodatei herunterzuladen. Um zur Sprachausgabe zu gelangen, klicke auf das kleine Sound-Symbol unten links. Mit den Pfeilen kannst Du vor- und zurückblättern.

· · · ● · ● · · ·

In der aktuellen Version von DeepL Write kannst Du jetzt den Stil auswählen lassen. DeepL Write formuliert unter Umständen sehr neu. Überprüfe unbedingt die Ausgabe!

Es ist bedauerlich, dass DeepL Write als deutsches Produkt keine Möglichkeit bietet, die Verwendung von "Sie" und "Du" einzustellen. Ebenso ist es nicht möglich, das großgeschriebene "Sie" oder das kleingeschriebene "du" zu verwenden. Ich hoffe auf eine Lösung in der Zukunft. Momentan werden die Vorschläge von Deepl in ChatGPT übernommen.

• • • ● • ● ● • •

Das Prompt lautet:

- Bitte formuliere den Text in der Du-Form um.

Ich arbeite stets gemeinsam mit ChatGPT und DeepL Write. Nach dem Verfassen eines Textes in Chat kopiere ich ihn sofort in DeepL Write und lasse ihn zunächst korrigieren. Dann kopiere ich ihn in mein Satzprogramm.

Deepl Write wirbt damit, dass die Pro-Version auch längere Texte korrigieren kann. Das ist in manchen Fällen sehr nützlich. In der Praxis habe ich jedoch festgestellt, dass kürzere Einheiten besser zu korrigieren sind. Ich persönlich bevorzuge es, Absatz für Absatz zu bearbeiten, da mir so fehlerhafte Vorschläge besser auffallen und ich mir die Ausgabe besser vorlesen lassen kann.

• • • ● • ● • • •

Speech-to-Text: Sprich Dein Buch?

Alle Trainerinnen und Trainer, die einen motivieren wollen, endlich sein Buch zu schreiben, kennen diese Hürde: Wer nicht 10-Finger-Blindschreiben kann oder sich zumindest ein schnelles 4-Finger-System angewöhnt hat, sitzt gequält vor dem gähnend leeren Bildschirm.

Das zukünftige Buch beginnt im Kopf wie ein Achttausender zu wachsen, den es ohne Training zu besteigen gilt.

Die perfekte Alternative zu diesem Problem scheint die Aufforderung zu sein: Sprich Dein Buch. Das geht ganz einfach. Nutze einfach die Sprachmemo-Funktion Deines Handys. Oder eines der vielen sehr guten Aufnahmegeräte, die es auf dem Markt gibt, klein, leicht und für jede Tasche geeignet. Oder Google. Oder...

Es wird oft empfohlen, wenn Du nicht gut tippen kannst, das Buch nicht zu schreiben, sondern zu sprechen und das Gesprochene dann transkribieren zu lassen. Das wäre sehr einfach.

Der letzte "gute" Rat, den ich in dieser Hinsicht gehört habe, war folgendes Argument. Ein Buch hat durchschnittlich 140 Seiten. Das kann man in 4-6 Stunden einsprechen. Also kannst Du Dein Buch in 4-6 Stunden aufnehmen und dann musst Du es nur noch transkribieren lassen, mit welcher Methode auch immer, und schon ist Dein Buch fertig. Super einfach, oder? Hey Leute, das letzte Buch habe ich in zwei Tagen geschrieben, das kannst Du auch.

Der Mann, der das behauptete, war ein Ghostwriter und Buchvermarkter, der sich mit einem Buch angeblich aus der Schuldenfalle der Wirtschaftskrise 2007/8 befreit hatte, in die er als Immobilienmakler in den USA geraten war.

Der Vortrag war einfach unerträglich, denn er forderte die Zuhörer auf, im Chat zu kommentieren. Und natürlich erzählte er allen das Gleiche. Du hast damals auch Deine Immobilienfirma verloren, schau, schreib einfach ein Buch. Klar, mit einem einzigen Buch kannst Du leicht eine Million machen.

An dieser Stelle möchte ich die Geschichte einer Frau erzählen, die an den Traum vom Bestseller gleich mit dem ersten Buch geglaubt hat.

Diese Frau war auf einen dieser Verleger gestoßen, die im Internet nach ehrgeizigen, aber unsicheren Menschen suchen. Sie sprechen diese Menschen dann direkt an.

Frau X, Frau X, ich war auf ihrer Website. Sie sind unglaublich talentiert. Und ihr Angebot, fantastisch. Wir sind ein Fachverlag. Sie wollen kein Buch schreiben? Sie können nicht tippen? Sprechen Sie einfach, das ist einfach, leicht...

Frau X, ich nenne sie hier Barbara Salzmann, war geschmeichelt. Wir helfen Ihnen, tönte es weiter, wir brauchen nur einen ganz kleinen Druckkostenzuschuss von 3500 Euro. Aber diesen Zuschuss haben Sie in wenigen Wochen wieder hereingeholt, denn, Frau Salzmann, Ihr Angebot ist unschlagbar, es muss nur zwischen zwei Buchdeckel gepresst werden.

In Wirklichkeit ist für diese Art von Verlagen der nette kleine Druckkostenzuschuss das eigentliche Geschäft. Sie haben irgendwo noch eine Maschine aus der Zeit vor dem Print-on-Demand, die längst abgeschrieben ist, und wollen sie auslasten. Sie sind nicht an guten Büchern interessiert, die dem Leser etwas bieten. Sie wollen drucken und dann irgendwo eine Tonne Altpapier abliefern.

• • • ● ● ● ● ● •

Frau Salzmann biss an. Frau Salzmann verkündete ihren großen Erfolg, sie wurde als Autorin von einem Fachverlag angeworben, auf ihrer Website und brauchte dann vier Jahre zum "Schreiben", was ganz einfach war, in 4-6 Stunden sozusagen.

Was Frau Salzmann nicht wusste, ist, dass es in Deutschland viele Verlage gibt, die keinen Zugang zum Großhandel haben und daher ihre gedruckten Bücher nicht über Amazon oder den lokalen Buchhandel verkaufen können. Und diese "Verlage" erzählen ihren zukünftigen "Kunden", dass es super einfach und auch viel billiger wäre, über Webseiten zu verkaufen. Das stimmt in ganz wenigen Ausnahmefällen, aber in 99% der Fälle nicht.

Frau Salzmann hat für ihr großes, großes Projekt vier Jahre lang ihre Kinder und ihren Mann leiden lassen, Frau Salzmann wurde versprochen, dass sie mit einem einzigen Buch ein fantastisches Geschäft machen würde. Ein Buch und all ihre Probleme wären gelöst. Ein Buch über ihre Geschichte. Ein Bestseller. Versprochen.

Als es fertig war, wurde ich gefragt, ob ich ein Vorwort oder zehn Seiten Einleitung schreiben wolle. Der gequälte Ehemann, der sich nichts sehnlicher wünschte, als dass das Projekt endlich abgeschlossen würde, versprach mir ein Werbebudget von 8000 Euro, wenn ich etwas mehr als zehn Seiten schreiben würde. Ich machte mich an die Arbeit.

· · · ● · ● ● · · ·

Ich rief meine damalige Lektorin an, sie las das "Buch", rief mich an und erklärte es für undruckbar. Sie gab Frau Salzmann zwei Stunden kostenloses, unbezahltes Schreibcoaching und ein ehrliches Feedback.

Danach wurde sie unter dem Vorwand, sie habe schlecht gearbeitet, entlassen. Frau Salzmann engagierte hinter meinem Rücken eine Ghostwriterin, die sie mit dem versprochenen Geld der entlassenen Lektorin bezahlte. Die Ghostwriterin, als Lektorin getarnt, schrieb das Buch in wenigen Wochen professionell zu 80% um. Neue Kapitel, neue Szenen, neue Richtung, tatsächlich besser lesbar. Der Ehemann strich das Werbebudget, ich hatte sieben Monate umsonst gearbeitet.

Das Buch wurde nie in die Deutsche Nationalbibliothek aufgenommen, es wurde nie in das Verzeichnis der lieferbaren Bücher aufgenommen, es ist nur über die Website erhältlich. Formaljuristisch betrachtet ist es nie erschienen.

Es wurden sicherlich 10-20 Exemplare verkauft. Kosten für Frau Salzmann: Ghostwriter, Umschlaggestaltung durch einen Designer, Satz, Druck, eine zerbrochene Beziehung. Einnahmen für Frau Salzmann: 0 Euro. Die Schulden wurden über die Firma des Ehemannes abgeschrieben.

Der Verleger, der sich auf sie spezialisiert hatte, war längst verschwunden.

• • • • • • • • •

Natürlich ist es leichter zu sprechen als zu schreiben. Ich tue das seit Jahren. Sprechen *ist* schneller und einfacher als Schreiben.

Aber die Menschen sprechen anders als sie schreiben. Gesprochene und transkribierte Texte sind keine Bücher, man kann kein Buch sprechen. Es ist möglich, zu sprechen und dann zu transkribieren, und ich werde gleich die beste und billigste Methode vorstellen, die ich zur Zeit kenne.

Aber nach der Transkription muss der Text neu geordnet und verbessert werden. ChatGPT und Deepl helfen dabei enorm, vor allem Deepl macht es möglich, die Transkripte wirklich konstruktiv zu nutzen.

Aber die Transkription ist der Anfang, danach kommt die eigentliche Arbeit. Soweit ich weiß, können sehr erfahrene Autoren etwa vier Stunden am Tag kognitiv an einem Buch arbeiten. Dann ist man müde. Dann kann man noch abwaschen, Wäsche aufhängen und Routinearbeiten am Computer erledigen, aber man kann nicht mehr kreativ schreiben. Auch nicht kreativ sprechen.

Schreibtrainerinnen und -trainer, die Dir etwas anderes erzählen, spinnen ein Lügenmärchen.

• • • ● ● ● ● • •

Fall nicht darauf herein. Auch wenn der Kurs, den sie Dir verkaufen wollen, wirklich, wirklich gut ist, nein, Du kannst Dein Buch nicht in 4-6 Stunden schreiben und dann ist alles gut. Ja, es gibt Autoren, die Millionen mit Büchern verdient haben, und wir erinnern uns so gut an sie, weil sie die absolute Ausnahme sind. Brian Tracy und Jack Canfield gehören zu den erfolgreichsten Sachbuchautoren ihrer Generation und ja, J.K. Rowling war alleinerziehende Mutter, lebte von der Sozialhilfe und ist heute Selfmade-Millardärin mit viel Glamour. Ja, ich bewundere alle drei.

Aber sie erinnern mich an die Geschichte, die ich einmal von einer Passage zwischen zwei Inseln in Griechenland gehört habe, als man vor zwei- oder dreitausend Jahren noch mit wackeligen Holzbooten in See stach. Auf der einen Seite war ein Tempel voller Statuen. Die Priester sprachen zu denen, die in See stechen wollten, und sagten: "Hier sind die Statuen derer, die gespendet und gebetet haben und gesund auf der anderen Seite angekommen sind."

Die meisten Menschen beteten und spendeten.

Aber eines Tages kam ein Mann vorbei und sah sich die Statuen genau an. Der Priester kam und sagte stolz: "Das sind die Statuen derer, die gebetet und gespendet haben und gesund angekommen sind."

"Und", fragte der Mann, "wo sind die Statuen derer, die gebetet und gespendet haben und dann ertrunken sind?"

• • • ● • ● • • •

Ich habe mit vielen Transkriptionssystemen gearbeitet, angefangen mit Dragon von Nuance, als Speech-to-Text noch ganz neu war. Ich erinnere mich noch an das unglaubliche Gefühl, als ich die ersten Sätze in ein Mikrofon sprach und der Text erschien.

Später versuchte ich es mit der Diktierfunktion von Word, mit Happy Scribe (zu teuer für mich) und landete schließlich bei einem Albtraum: der Website einer großen Marke für Aufnahmegeräte, die auch Transkriptionen anbot. Auch nur ein paar Details über dieses Desaster zu erzählen, würde sofort Anwälte auf den Plan rufen.

Sprechen funktioniert schneller und einfacher als Tippen, aber all diese Sprach-zu-Text-Programme sind fehleranfällig.

Heute arbeite ich mit der kostenlosen Version von https://turboscribe.ai/de/

Zusammenfassung

Die Autorin beschreibt, wie sich ihre Rechtschreibschwäche auf ihre Abiturnote auswirkte. Während sie in Aufsätzen gute Noten erhielt, schnitt sie in Diktaten oft schlecht ab. Um ihre Bücher korrekt veröffentlichen zu können, war sie stets auf teure und zeitaufwändige Korrekturleser angewiesen. Dies änderte sich im August 2022, als ihr Mann ihr von der KI-basierten Übersetzungssoftware DeepL erzählte. Sie begann, DeepL zu nutzen, um ihre englischen Texte zu übersetzen und zu korrigieren, und später auch das neue Tool Deepl Write zur Textkorrektur.

Deepl Write war ihr eine große Hilfe bei der Korrektur von Rechtschreibfehlern und der stilistischen Verbesserung von Texten. Obwohl das Programm in der Beta-Version kostenlos war, entschied sie sich später für die Pro-Version, da diese kostengünstiger war als menschliche Korrekturleser.

Sie beschreibt auch ihre Erfahrungen mit Sprach-zu-Text-Programmen. Obwohl sie verschiedene Systeme ausprobierte, fand sie in Beecut eine effektive Lösung, die überraschenderweise auch deutsche Audiodateien transkribierte. Aufgrund der Fehleranfälligkeit solcher Programme betont sie die Wichtigkeit der Nachkorrektur und der Unterstützung durch KI-Tools wie ChatGPT und Deepl.

Schließlich warnt die Autorin vor dubiosen Verlagen, die unbedarfte Autoren ausnutzen, indem sie ihnen schnelle Erfolge und einfache Buchveröffentlichungen versprechen. Sie betont, dass das Schreiben eines Buches Zeit und Mühe kostet und dass vermeintlich einfache Lösungen oft enttäuschen.

$$\bullet \; \bullet \; \bullet \; \bullet \; \bullet \; \bullet \; \bullet \; \bullet \; \bullet \; \bullet$$

---

1. www.deepl.com. Ich möchte betonen, dass ich von der Firma Deepl kein Geld für dieses Kapitel bekomme.

ABSCHLUSS

Ich glaube, dass es in zwei Jahren keinen professionellen Autor mehr geben wird, ob er oder sie nun im Journalismus arbeitet, Bücher und Reportagen schreibt, Copywriter oder Werbetexter ist, der noch ohne KI auskommt.

Es gilt der Spruch: Du wirst nicht durch KI ersetzt. Du wirst durch jemanden ersetzt, der KI kann.

• • • ● • ● • • •

Ich glaube auch, dass KI das größte Geschenk ist, das wir Autor:innen seit langer Zeit bekommen haben. Es ist ein wunderbares Geschenk, es wird uns helfen, schnellere und bessere Bücher zu schreiben.

Aber KI hat keinen Körper, keine Gefühle, keine Seele. KI kann Dir helfen, aber Du allein bist der Autor. Es ist Dein Buch. Deine

Mission, Deine Gefühle, Deine Gedanken, Deine Erfahrungen. Du bist der Meister, KI ist der Diener.

Und wenn es Dein erstes Buch ist, lass Dich nicht zu irgendetwas überreden, was der Verkäufer eines Onlinekurses oder der nächste unseriöse Verleger von Dir will.

Nimm Dir Zeit, besinne Dich auf Deine Werte und Deine Mission und schreibe ein Buch.

Dein Buch.

• • • ● • ● • • •

DIE LISTE DER PROMPTS

In dieser Liste finden sich die Prompts des Buches sowie einige Ergänzungen, die nicht im Buch beschrieben sind. Dieses Kapitel ist sowohl als PDF als auch als Word-Dokument verfügbar und kann von meiner Website www.jochims-buecher heruntergeladen und verwendet werden.

Der Link ist: https://jochims-buecher.de/umgang-mi/

Das Passwort lautet: KI121xxcc

Alle hier vorgeschlagenen Prompts habe ich mit ChatGPT getestet. Sie funktionieren sowohl mit ChatGPT 3.5 als auch mit ChatGPT 4o. Ich kann KEINE Garantie für die Ergebnisse geben.

Du bekommst eine Word-Datei, mit der Du alles an Deine Bedürfnisse anpassen kannst. Spiele damit, übe damit, es lohnt sich.

• • • • ● • ● • • •

Brainstorming mit KI

- Ich bin eine Autorin, die über Sucht schreibt. Erkläre mir, was Sucht ist.

- Ich bin ein Betroffener, der unter einer Sucht leidet. Erkläre mir, was Sucht ist.

• • • • ● • ● • • •

Das allgemeine Prinzip lautet:

[Rolle] und ich schreibe über [Thema]. Erkläre mir, was [Thema] ist.

Mögliche Rollen, die mir genützt haben, sind:

- Ich bin Arzt und halte einen Vortrag vor Kollegen.

- Ich bin Laie und möchte mich über das Thema X informieren.

- Ich bin Betroffener ....

- Ich bin Mutter und möchte meinem Kind etwas erklären...

- Ich bin Philosoph...

Beim Brainstorming ist es sehr nützlich, sich in verschiedene Rollen hineinzudenken. Die Rolle, die man spielen will, ist also immer der Ausgangspunkt. Das definiert die Antworten, die Du bekommst.

• • • ● • ● • • •

Romane und Novellen

Das gleiche Verfahren kann auch für die Konzepte von Romanen und Kurzgeschichten angewandt werden.

Hier ein Beispiel:

Wenn man ChatGPT für ein Brainstorming über Belletristik verwenden will, muss man das Genre und die Rolle eingeben. Prahlerei ist erlaubt. Zur Zeit kann ChatGPT noch nicht antworten: Hör auf mit der Angeberei.

• • • ● • ● • ● • •

- Ich bin eine langjährige und sehr erfolgreiche Autorin von spannenden Kriminalromanen. Ich schreibe ein Buch für einen der größten Verlage in Deutschland, 20 Übersetzer für alle Weltsprachen stehen schon in den Startlöchern. Ich möchte ein Buch über den perfekten Mord schreiben. Ich bitte um 10 Themenvorschläge.

• • • ● • ● • • •

Ich hatte zehn wirklich gute Ideen, einige waren so gut, dass mir schwindelig wurde. Ich versuchte das Gleiche noch einmal für eine andere Rolle:

- Ich bin eine absolute Anfängerin im Schreiben. Ich weiß nicht, wie ich anfangen soll, aber ich möchte einen Krimi schreiben. Ich möchte ein Buch über den perfekten Mord schreiben. Ich bitte um 10 Themenvorschläge.

Die dann vorgelegten Ideen waren deutlich schlechter. Es waren zudem völlig andere Vorschläge.

Fazit, es kommt auf die Rolle an. Das gilt für alle Arten von Büchern. Es macht Sinn, so viele Rollen wie möglich auszuprobieren.

• • • ● • ● • • •

Nun kann man spezifischer werden:

- Nenne mir 10 Orte, an denen der Krimi zu [Thema] spielen könnte.

• • • ● • ● • • •

Nehmen wir an, Chat schlägt Barcelona vor, dann ist der nächste Prompt:

- Nenne mir 3 Hauptpersonen des Krimis, der in Barcelona spielt. Die Handlung lautet [Thema]. Nenne mir den Mörder, das Opfer und den wichtigsten Ermittler. Schlage sowohl weibliche als auch männliche Personen vor.

• • • ● • ● • • •

Dann:

- Welches Motiv könnte der Täter haben? Gib mir bitte 10 Motive für einen Krimi zum Thema [Thema]

- In welcher Beziehung stehen Mörder und Opfer zueinander?

- Woher kennen sie sich?

- Was sind 10 gute Vorschläge für den Ort des Mordes?

- Was sind 10 gute Vorschläge für die Dynamik, die zum Mord geführt hat?

- Was sind die wichtigsten Eigenschaften des Opfers, des Ermittlers und des Mörders? Könnte es eine versteckte Dreiecksbeziehung gegeben haben?

- Ist es möglich, Sympathie für den Täter zu wecken? Damit der Leser nicht unglücklich über den perfekten Mord wird?

Wenn alle Grundlagen geklärt sind, kann man ChatGPT um einen Entwurf für ein Kapitel bitten – sowohl als Sachbuch als auch für den Krimi.

Die Prompts könnten sein:

- Ich bin Sachbuchautorin und schreibe ein Buch über Sucht. Bitte gib mir einen Entwurf für das erste Kapitel, in dem ich erklären möchte, was Sucht für einen alkoholkranken Mann mittleren Alters physisch und emotional wirklich bedeutet.

- Ich bin Krimiautorin und schreibe ein Buch über einen Mord zwischen zwei digitalen Nomaden in Barcelona. Der Mörder ist eine Frau, das Opfer ein Mann. Die Mordwaffe ist Psychologie, der Mann wird mit Psychospielchen in den Selbstmord getrieben. Das ist die Handlung. Gib mir das erste Kapitel.

Probiere es selbst aus. Ich habe zweimal erstaunliche Ergebnisse erzielt, die nur noch einer gründlichen Überarbeitung bedürfen.

• • • ● • ● • • •

Der Avatar

Die Prompts aus dem Buch sind:

- Was sind die Grundbedürfnisse dieses Mannes?

- Was sind die Hauptprobleme eines alkoholkranken Mannes?

- Welche Veränderungen könnte ein alkoholkranker Mann anstreben?

- Wie möchte sich künftig jemand fühlen, der bisher unter Alkoholproblemen litt?

• • • ● • ● • • •

Weitere Möglichkeiten für die Erstellung eines Avatars:

- Welches Einkommen hat mein Leser?

- Welche Charaktereigenschaften?

- Was ist ihm wichtig?

• • • ● ● ● ● ● • • •

Die Bedürfnispyramide nach Maslow

- Welches Bedürfnis auf der Pyramide von Abraham Maslow befriedigt mein Angebot?

- Gib mir 10 Vorschläge für die Befriedigung von Bedürfnissen ... physiologische Bedürfnisse, Sicherheitsbedürfnisse, soziale Bedürfnisse, individuelle Bedürfnisse, Selbstaktualisierung.

• • • ● ● ● ● ● • • •

Die logischen Ebenen von Robert Dilts

Eine weitere Möglichkeit, den Avatar noch präziser zu gestalten, besteht darin, die logischen Ebenen nach Robert Dilts auch für den Avatar zu verwenden. Diese wurden im Buch für die Erfassung der eigenen Kompetenz beschrieben. Aber sie können auch für die Formulierung des Angebots verwendet werden. Hier einige Möglichkeiten.

- Was möchte ich in den logischen Ebenen von Robert Dilts bei meinem Leser erreichen? Transformation auf der Ebene des Verhaltens, der Überzeugungen, der Identität oder der Mission (Zugehörigkeit)?

- Gib mir 10 Vorschläge für ein Sachbuch zum Thema [Thema], das vor allem auf die Verhaltensänderung des Lesers abzielt.

- Gib mir 10 Vorschläge für Transformationen auf der Ebene von Überzeugungen.

• • • ● ● ● ● ● • •

- Gib mir 10 Ideen, wie ein Leser seine Vorstellungen über sich selbst verändern kann.

- Gib mir 10 Ideen, wie ein Leser spiritueller werden kann.

- Gib mir 10 Ideen, wie man das Gefühl von Zugehörigkeit des Lesers transformieren könnte.

• • • ● • ● ● • • •

Das Angebot

- Du gibst die Antworten ein und fragst: Ich habe folgende Kompetenzen (Texteingabe) - und ich habe einen Leser, der folgende Bedürfnisse hat (Texteingabe). Wie formuliere ich ein unwiderstehliches Angebot für diesen Leser?

Titel:

- Gib mir 10 Vorschläge für den Titel eines Buches über das Thema "Sucht".

- Gib mir 10 Vorschläge für ein Sachbuch zum Thema "Alkoholismus bei Männern mittleren Alters".

- Ich bin Sachbuchautorin. Wie könnte mein nächstes Buch heißen?

Käufer und Titel

- Welches ist der Titel, der diese Person am besten anspricht?

- Welcher der vorgeschlagenen Titel wird sich am besten verkaufen?

- Ich bin ein zukünftiger Kunde, ich habe das Profil des Avatars. Welcher Titel motiviert mich zum Kauf?

• • • ● ● ● ● ● • •

Auch hier kann man wieder mit Rollen arbeiten.

- Ich bin ein zukünftiger Leser, der vor allem eine Verhaltensänderung anstrebt. Ich möchte meine physiologischen Bedürfnisse besser befriedigen. Welcher Titel spricht mich am meisten an?

• • • ● ● ● ● ● • •

Inhalt und Umsetzung

- Nenne mir 10 Kapitel für ein Buch, das Männern mittleren Alters auf respektvolle Weise hilft, ihre Alkoholprobleme zu überwinden.

- Nenne mir 10 Kapitel für ein Sachbuch zum Thema [Thema].

- Ich brauche Ideen für den ersten Entwurf eines Kapitels mit dem Titel [Thema].

- Nenne mir 10 Unterpunkte für das Kapitel [Thema].

Eine Zusammenfassung erstellen

- Gib mir für den folgenden Text eine leicht lesbare, kurze Zusammenfassung [Text].

- Was sind die wichtigsten Aussagen dieses Textes? [Text]

Der StyleGuide

- Analysiere den folgenden Text hinsichtlich seines allgemeinen Stils. [Text]

- Erstelle bitte aus der Analyse des obigen Textes ein Prompt, mit dessen Hilfe ich in Zukunft in meinem Stil schreiben kann.

- Bitte schreibe einen Text in meinem Stil über [Thema]. Hier sind einige Hinweise zu meinem Stil:

  - Ich erzähle oft persönliche Geschichten und ziehe Vergleiche zwischen früher und heute.

  - Mein Ton ist humorvoll und informativ.

  - Ich versuche immer, eine emotionale Verbindung zum Leser herzustellen.

Selbstverständlich sind andere Stilanweisungen für verschiedene StyleGuides möglich.

- Schreibe einen direkten, klaren und motivierenden Text. Verwende Anekdoten. Der Text sollte humorvoll und freundlich sein, aber souverän und sachlich klingen.

Du- und Sie-Form

- Bitte formuliere den Text in die Du-Form um. Achte auf die Klein/Großschreibung des Du.

- Bitte formuliere den Text in die Sie-Form um.

Die Links

Ich erhalte von keiner der genannten Firmen Geld oder bin mit ihnen verbunden. Die Nutzung erfolgt auf eigene Gefahr.

ChatGPT:

https://chatgpt.com

Atticus (Satzprogramm, nicht im Buch):

www.atticus.io

Deepl:

www.deepl.com

Turboscribe

https://turboscribe.ai/de/

• • • ● • ● • ● • •

Alle Bücher von Inke Jochims, finden Sie auf dieser Seite:

Die Bücher von Inke Jochims

Stöbern und kaufen Sie hier

alle Bücher von Inke Jochims!

www.jochims-buecher.de

• • • • • • • • •

Alle digitalen Produkte von Inke Jochims finden Sie auf dieser Seite:

Der Shop von Inke Jochims

https://www.myablefy.com/s/inke-jochims

Stöbern und kaufen Sie alle digitalen Produkte von Inke Jochims

https://myablefy.com/

• • • • ● • ● • • •